Lillith Korn

Better Life
Zerstört

Drachenmond Verlag

DRACHENMOND VERLAG

Astrid Behrendt
Rheinstraße 60
51371 Leverkusen
http: www.drachenmond.de
E-Mail: info@drachenmond.de

Satz, Layout: Astrid Behrendt
Korrektorat: Michaela Retetzki
Umschlaggestaltung: Sanja Gombar

www.lillithkorn.de
www.betterlife.berlin

Druck: Booksfactory

ISBN 978-3-95991-188-7

© 2016 Drachenmond Verlag
Alle Rechte vorbehalten

*Für Alex,
die mir eine große Hilfe war.*

10.08.2016

Liebe Janet,

ich reiche dir hiermit einen Nerventee und wünsche dir viel Spaß mit dem Finale!

♡
Lilith

Wenn der Mensch nicht über das nachdenkt,
was in ferner Zukunft liegt,
wird er das schon in naher Zukunft bereuen.

Konfuzius

Prolog

Viele Jahre zuvor …

Sie saßen gemeinsam auf dem Dach seines ehemaligen Kinderheimes und betrachteten die glitzernden Sterne und die Lichter der Stadt. Charlie hatte diese Idee gehabt, damit er nachträglich etwas Positives mit seiner Vergangenheit im Kinderheim verknüpfen konnte.

»Guck mal, ein Unendlichkeitssymbol«, sagte Charlie und zeigte auf die geschwungene Acht aus Lichtern, die auf dem Dach gegenüber installiert war. »Sieht voll schön aus.«

»Stimmt.«

Für eine Weile schwiegen sie. Der Wind frischte auf und Marvin betrachtete heimlich aus dem Augenwinkel, wie Charlies rote Locken um ihr Gesicht wehten. Wie konnte ein Lebewesen nur so wunderschön sein, wie sie es war? Und wie konnte ein Lebewesen nur so schüchtern sein, wie er es war …? Er gab sich einen Ruck und ehe er sichs versah, sprudelten Worte aus seinem Mund.

»Das war übrigens echt cool! Du bist alles andere als ein normales Mädchen, Charlie.«

Hatte er das gerade wirklich gesagt? Er spürte die Hitze, die sich in seinem Gesicht ausbreitete.

Sie lächelte verschmitzt, ohne den Blick von den Dächern Berlins abzuwenden, und zog ihre schwarze Jacke enger um sich. »Wie darf ich das verstehen?«

Marvin verzog das Gesicht, als hätte er sich gerade wehgetan. »Oh. Also ich meinte das positiv. Du bist ... Du bist was Besonderes.«

»Und wie darf ich *das* jetzt verstehen? Besonders doof? Besonders hässlich?« Charlie kicherte.

»Ach, komm schon. Du weißt genau, was ich meine.« Er lächelte und rutschte mit klopfendem Herzen ein Stück näher, obwohl er sich unsicher war, wie Charlie zu ihm stand. Seit einer Weile war er sich sicher, dass sie mehr für ihn war als bloß die beste Freundin. Seit einer sehr langen Weile. »Nicht jeder hat den Mumm, der alten Hexe den Zugangscode zu klauen. Nur dank dir sitzen wir hier und genießen dieses kleine Stückchen Freiheit. Eben weil du besonders schlau bist. Und besonders gerissen. Und ...«

Er stockte. Fast berührten sie sich, es trennten sie nur noch Zentimeter, und alleine die Vorstellung, ihre zarte Haut zu berühren, ihre Nähe zu spüren, ließ ihn fast wahnsinnig werden.

Eiswürfel, Eiswürfel, Eiswürfel ... Mist, funktioniert nicht.

Er zog seine Jacke aus und legte sie in seinen Schoß.

»... besonders hübsch.«

Marvin hielt die Luft an. Er hatte ihr gesagt, dass sie hübsch war. Taten Freunde so etwas? Ahnte sie bereits, dass er sich mehr wünschte?

»Du findest mich hübsch?« Sie lächelte und Marvin rutschte vor Angst, dass sie ihn nun auslachen würde, beinahe das Herz in die Hose.

Doch stattdessen tastete ihre Hand sich langsam vor, bis ihre kalten Fingerspitzen die von Marvin berührten und sich ein wohliger Schauer von seiner Hand bis über seinen Rücken ausbreitete. Für einen Moment war es, als bliebe die Zeit stehen. Als gäbe es nichts auf der Welt außer Charlie und Marvin.

Dann hob sie den Blick, schenkte ihm noch einmal ihr verschmitztes Lächeln und beantwortete seine Unsicherheit mit etwas, das er sich mehr als alles andere gewünscht hatte. Charlie rückte ein Stück näher an ihn heran, während sein Herz immer stärker pochte, legte eine Hand an seine Wange und die andere an seine Hüfte. Ohne ihren Blick abzuwenden, zog sie ihn näher zu sich heran, und als ihre Lippen sich trafen, vergaß Marvin alles um sich herum.

Marvin packte sein weniges Hab und Gut in einen kleinen Koffer. Das war es also. Die erlaubte Höchstaufenthaltszeit in der zweiten Kriseneinrichtung für Obdachlose war ausgeschöpft. Charlie war auf einer Fortbildung und er hatte ihr versichert, er würde einen besseren Job und eine Bleibe für sie beide gefunden haben, sobald sie sich wiedersehen würden. Nun stellte er fest, dass er sich zu viel vorgenommen hatte. Wer wollte schon einen jungen Mann einstellen, der gerade einmal seine Schule abgeschlossen und keinen Ausbildungsplatz ergattert hatte? Und der zusätzlich noch obdachlos war? Existenzängste legten sich wie eine große Pranke um seinen Hals und schnürten ihm die Kehle zu.

Er seufzte. Es war nicht einmal genug Geld da, um sie zu besuchen. Sein letztes Gespartes reichte gerade einmal knapp, dass er sie abholen konnte. Er ließ einen letzten Blick durch sein kleines Zimmer schweifen und betrachtete das Bett mit den neuen und seit Kurzem gesetzlich vorgeschriebenen Gesundheitsvorkehrungen. Es maß die wichtigsten Körperfunktionen und schlug in einem Notfall, wie etwa einem Herzstillstand, Alarm. Das war die neue Basisausstattung, die ab sofort in einer staatlichen Einrichtung wie dieser vorhanden sein musste – und nicht einmal diese würde er Charlie bieten können. Wie auch, ohne Wohnung?

Mit gemischten Gefühlen klappte er seinen Koffer zu und machte sich auf den Weg.

Er wartete sehnsüchtig vor der Fortbildungsstätte, weil er sie ganze zwei Wochen nicht gesehen hatte.

Endlich öffnete sich das große Tor und sie trat heraus. Charlie, deren Gang trotz ihrer starken und kraftvollen Schritte geschmeidig wirkte ... Ihr Anblick ließ sein Herz erwartungsvoll schneller schlagen.

Allerdings würde er ihr gleich beichten müssen, dass er es nicht geschafft hatte. Jedenfalls nicht wirklich ... nur ein kleines Zimmer hatte er auftreiben können.

Lächelnd lief sie mit ihrer Reisetasche auf ihn zu. Sie strahlte regelrecht und augenblicklich zog sich sein eben noch freudig schlagendes Herz zusammen.

Trotzdem ging er ihr entgegen, bis er Charlie, die ihre Tasche achtlos fallen ließ, nach den langen zwei Wochen endlich in die Arme schloss. Sie hatte ihm so sehr gefehlt, dass er gierig ihren Duft einsog und sich nach einer gefühlten Ewigkeit endlich wieder wie ein Mensch vorkam. »Ich hab dich vermisst«, flüsterte er in ihr Haar.

Charlie löste sich von ihm und sah mit ihren grünen Augen zu ihm auf. »Ich hab dich mehr vermisst.«

Sie lächelten beide und ihre Finger verflochten sich, ehe Charlie den romantischen Moment mit einer Frage unterbrach.

»Wo geht's jetzt eigentlich hin? Wie ist dein Plan?« In ihren Augen funkelte Abenteuerlust.

Marvin drückte ihre Finger fester, ohne dass er es wollte. »Na ja ... ich konnte noch nicht so viel zusammenbekommen. Es sieht schlecht aus, was Jobs angeht. Deshalb habe ich nichts anderes gefunden, ich musste meinen Job in der Tierkadaverbeseitigung behalten.« Charlie runzelte die Stirn und Marvin sprach mit belegter Stimme weiter. »Und ich habe nur ein ganz kleines Zimmer bekommen. Ohne jeglichen Standard, einfach nur ein kleines, dreckiges ...«

Charlie legte ihren Zeigefinger auf seine Lippen und machte »Schht«. Er hob die Augenbrauen und sie fuhr fort: »Wir haben uns etwas geschworen, weißt du noch?«

Seine Züge entspannten sich. »Für immer«, flüsterte er.

»Für immer«, wiederholte sie mit einem zufriedenen Nicken, ließ ihren Finger weiter nach unten wandern und zeichnete ein imaginäres Unendlichkeitssymbol auf seine Brust. »Ich finde es süß von dir, dass du extra für mich, für uns, diesen blöden Job behalten hast. Aber du musst das nicht tun. Wir finden schon was anderes. Und es ist mir egal, ob wir in einem kleinen Zimmer hausen oder von Einrichtung zu Einrichtung wandern, die Hauptsache ist, dass wir zusammen sind.«

Erleichtert drückte er Charlie noch einmal fest an sich.

Sie sagte: »Warte«, und kramte in einer kleinen schwarzen Handtasche, die sie noch um die Schulter gehängt hatte. Sie wühlte so lange darin, dass Marvin sich fragte, ob ihr Arm gleich komplett darin versinken würde. Doch bevor es so weit kommen konnte, zog sie triumphierend einen kleinen Beutel hervor und öffnete ihn verschwörerisch. Der Inhalt fiel auf ihre ausgestreckte Hand: ein kleiner Chip.

»Was ist das?« Natürlich wusste er, dass es sich um einen Sparchip handelte, der an jedem Bankautomaten ausgelesen werden konnte. Nur wusste er nicht, was es damit auf sich hatte.

»Lies ihn aus«, forderte sie ihn auf, als hätte sie seine Gedanken gelesen, und deutete auf den kleinen silbernen Automaten, der an der Hausecke neben dem Straßenschild angebracht war.

Marvin nahm den Chip entgegen, hängte sich Charlies Reisetasche um die Schulter und ging mit unsicheren Schritten zu dem Automaten, während Charlie ihm folgte. Dort angekommen, hielt er seine Hand mitsamt dem Chip in die kleine Aussparung am unteren Ende.

Das Display zeigte eine Summe an, die ihnen zumindest für einen Monat ein besseres Zimmer hätte garantieren können. Erstaunt zog er die Hand aus dem Automaten und drehte sich zu ihr um.

»Frag nicht«, grinste sie. »Ich hab lange gespart.« Sie hielt ihm die geöffnete Hand hin, damit er den Chip zurückgeben konnte.

Was hatte sie vor? Bei dem Gedanken, dass Charlie ihr Gespartes innerhalb eines Monats für ein Zimmer für sie beide ausgeben wollte, wurde ihm ganz mulmig zumute. Er würde ihr nichts zurückgeben können, sofern er keinen besseren Job finden würde – dabei war er doch der Mann!

»Aber ...«, begann er zu stottern. »Willst du uns jetzt ein anderes Zimmer bezahlen?«

Sie blieb abrupt stehen und zog den verwirrten Marvin näher an sich heran. »Nein. Ich will etwas, das uns verbindet. Etwas, das absolut verrückt ist, weil wir es uns normalerweise nicht leisten könnten.«

Marvin sah sie irritiert an. »Von was redest du?«

Charlie schob ihn grinsend ein Stück von sich und bedeutete ihm weiterzugehen.

Er schleppte gehorsam Charlies Reisetasche und folgte ihr, als sie in Richtung Haltestelle losmarschierte.

»Wir fahren jetzt zu einem Termin. Im Tattoostudio«, sagte sie so lässig, als ginge es um einen Spaziergang im Park.

»Was? Aber das Geld würde genügen, um dir zur Sicherheit eines dieser neuen Gesundheitsarmbänder ...«

»Das mag sein. Aber ich bin jung und gesund, mir wird nichts passieren. Ich möchte lieber etwas fürs Leben. Das bist zuallererst mal du. Und dann ist es das Tattoo, das wir beide uns verpassen lassen.« Sie deutete nach links. »Zum Studio geht es hier lang.«

Er bog folgsam in die Frankfurter Allee ab. Autos rasten an ihnen vorbei und ein Reklameroboter surrte direkt vor Marvins Gesicht. Ein neuer Werbegag von einer großen Handelskette, der schon vielfach aufgrund des Datenschutzgesetzes diskutiert wurde – und der sich hoffentlich nicht durchsetzen würde. Marvin verdrehte genervt die Augen, als der Roboter sein Programm abspulte, das er an das bisherige und vermutlich zukünftige Kaufverhalten des jeweiligen Chipträgers anpasste.

Die metallene viereckige Drohne blendete das Logo eines großen Kaufhauses, das die Produkte der Handelskette vertrieb, auf seinem Holo-Display ein und blökte: »Online-Blitzangebot! Fünf Essenspakete Bolognese oder Carbonara für nur acht neunundneunzig! Jetzt zugreifen und Sparangebot sichern!«

»Bolognese also, soso.« Charlie kniff spielerisch die Augen zusammen und Marvin lachte.

»Dieses Ding weiß genau, dass ich mich von kaum etwas anderem ernährt habe als von den Essenspaketen aus dem Billigangebot.«

Charlies Augen weiteten sich, als sie wieder nach vorne sah, und der Reklameroboter, der sich bereits sein nächstes Opfer suchte, war vergessen. »Da ist es! Das mit der gelb leuchtenden Aufschrift!« Sie schnappte seine Hand und zog ihn aufgeregt das letzte Stück bis zum Studio hinter sich her.

Vor der Tür angekommen, hielt sie inne und fragte: »Weißt du, was wir uns stechen lassen?«

Marvin schaute in ihren grünen Augen, die vor Aufregung strahlten. Er lächelte und nahm ihre Hand, um hineinzugehen. »Ja.«

Kapitel 1

Natalie, Better Life, 2075

»Hach, ist das nicht wunderschön?« Natalie deutete auf das Blumenarrangement auf ihrem dunklen Mahagonischreibtisch. Eigentlich war es nur eine einzige Blume. Eine stark duftende weiße Lilie mit jeder Menge Grünzeug drumherum. Sie sog den Geruch tief ein, bevor sie sagte: »Mhmm, wie das riecht ... Die Sorte magst du doch so gerne, ich habe sie extra für dich bringen lassen, meine Liebe.« Kichernd drehte sie sich um und betrachtete Lydia, die an der Wand neben der Stahltür lehnte und mürrisch aus dem Fenster sah.

In diesem Moment wandte Lydia sich Natalie gemächlich zu und sagte in einem zischenden Ton: »Von Blumen kann ich mir nichts kaufen. *Vielleicht* klopfe ich dir auf die Schulter, wenn du auch die letzten Probleme beseitigt hast. Wenn du *endlich* mal etwas richtig gemacht hast.«

Natalie zuckte zusammen und spürte ein unangenehm bohrendes Gefühl in ihrer Magengegend. Hatte sie schon wieder etwas falsch gemacht?

Lydia reckte das Kinn empor und verschränkte die Arme, woraufhin Natalie sich entsetzt die Hand gegen die Stirn schlug. Natürlich – das musste es sein! Sie hatte ihr nichts angeboten, sondern sie einfach so da stehen lassen.

Sie musste es wiedergutmachen. Die Stimmung verbessern. Und zwar dringend. »Ach, Schätzchen – wie unhöflich von mir, dir nichts zu trinken anzubieten! Es tut mir leid. Ich ordere uns was, okay? Was möchtest du haben? Einen Café Latte?«

Für einen Moment herrschte Stille. Lydias finsterer Blick fraß sich direkt in Natalies Seele und jagte ihr einen eiskalten Schauer über den Rücken.

Lydia gab ihr keine Antwort. Das war nicht gut.

Doch sie riss sich zusammen und sagte mit festerer Stimme, als sie selbst es für möglich gehalten hätte: »Ich bestelle dir einfach einen. Wenn du doch etwas anderes möchtest, lasse ich dir natürlich etwas Neues bringen.«

Natalies Schuhe klackerten auf dem Boden, als sie hektisch den Schreibtisch umrundete und den eingelassenen Knopf ganz rechts unter der Platte für das Programm Holly drückte. Sofort erschien das Holo der virtuellen Bedienung, die mit ihren langen Wimpern klimperte, um kurz darauf zu säuseln: »Was darf ich Ihnen bringen? Wünschen Sie, die Empfehlung des Tages zu hören?«

»Nein. Einen Café Latte und einen grünen Tee.«

»Café Latte und grüner Tee«, wiederholte das Holo lächelnd und löste sich in Luft auf, als Natalie erneut den Knopf drückte.

Sie setzte sich auf den hellen geschwungenen Wildledersessel. Lydias finstere Blicke verfolgten jede ihrer Bewegungen und Natalie rutschte voller Unbehagen auf dem Sessel hin und her. Als sie Lydias durchdringender Musterung nicht mehr standhalten konnte, drehte sie sich ein Stück nach links, sodass sie vom großzügigen Fenster aus direkt auf die halb gefrorene Spree schauen konnte. Ihr Blick verharrte kurz auf den vorbeitreibenden Eisschollen und den vereinzelten Enten, die zwischen ihnen umherschwammen. Doch nicht einmal dieser idyllische Anblick konnte sie entspannen. Sie spürte, wie sich ein Schweißtropfen auf ihrer Stirn bildete und wandte sich wieder Lydia zu, die noch immer mit bösem Blick und verschränkten Armen an der Wand lehnte.

Natalie versuchte sich zu beruhigen, indem sie erst die Blumenampel betrachtete, von der sich üppige Efeuzweige nach unten rankten, und dann die neuen High Heels an ihren eigenen Füßen, die beinahe ein Vermögen gekostet hatten. Aber das machte nichts – es war ja nicht so, als konnte sie sich das nicht leisten.

Um die Angst und das Gefühl ihres eigenen Versagens zu unterdrücken, begann Natalie zu sprechen. »Ich habe neulich gehört, man soll sich zwischendurch die Zeit nehmen, innezuhalten und seine Erfolge in seinem Inneren zu verankern. Und ich finde, das ist gar keine schlechte Sache! Ich meine, sieh dir unser Reich nur an, *dein* Reich.« Natalie hatte das Wort ›dein‹ zur Beschwichtigung extra betont und machte eine ausladende Handbewegung durch das Büro. »Das alles gehört uns. Niemand kann es uns wieder wegnehmen, niemand kann über uns bestimmen! Die Hindernisse, die übrig geblieben sind, sind nur winzige Kleinigkeiten, das schwöre ich.«

Lydia warf ihr einen abschätzigen Blick zu. Immerhin ließ sie sich überhaupt dazu herab, sie anzusehen. An wirklich schlechten Tagen würdigte sie Natalie keines Blickes. »So? Ich habe gelernt, niemanden zu unterschätzen«, zischte sie. »Schon gar nicht einen aufgebrachten Pulk von Irren. Ich werde, wenn überhaupt, erst innehalten, wenn alles erledigt ist.«

»Süße, das kriegen wir hin, vertrau mir!« Natalie setzte ein Lächeln auf und holte eine Nagelfeile aus der Schublade vor sich heraus. Je nervöser sie wurde, desto mehr brauchte sie etwas zu tun, weshalb sie sofort begann, in hektischen Bewegungen ihre Nägel zu feilen.

Natalie zuckte zusammen, als Lydia plötzlich heftig hustete und sich anschließend den Mund mit einer Stoffserviette abtupfte.

Die Frau verzog die Lippen zu einem schmalen Strich. »Warum sollte ich ausgerechnet *dir* vertrauen, hm?«

Natalie schluckte. Ja, Lydia hatte recht. Doch wenn sie sich etwas mehr anstrengen und schnellere Ergebnisse erzielen würde, würde sie vielleicht irgendwann aufhören, an ihr zu zweifeln.

»Ich verspreche, ich setze alles daran, dass wir das große Ziel erreichen. Alles!«

Lydia nickte nur. »Gut. Diese Chance gebe ich dir noch. Diese eine.«

Kapitel 2

Charlie, Better Life, Ende 2074

Keine Luft. Sie bekam keine Luft. Charlie wimmerte und konnte sich keinen Millimeter bewegen. Was war passiert? Sie wusste es nicht mehr. Oder doch? Es pochte dumpf in ihrem Hinterkopf.

Ein Schuss, es war ein Schuss gewesen.

Ihr Bauch fühlte sich an, als ob jemand gerade ihr Inneres herausriss, und ihr war weder kalt noch warm. Sie bestand einzig und allein aus unerträglichem Schmerz und endloser Verwirrung. Charlie versuchte, die Augen zu öffnen, doch es ging nicht, sie war zu schwach. Wieder kam nur ein klägliches Geräusch über ihre Lippen. Doch plötzlich spürte sie etwas – jemand berührte sie an ihrem Hals. Und dann, als dieser jemand etwas auf ihren Bauch presste und die Schmerzen explodierten, wurde sie endlich von der erlösenden Dunkelheit verschlungen.

Stimmen drangen dumpf in Charlies Bewusstsein.

Eine Frauenstimme fragte: »Warum hast du sie mitgebracht? Wir wissen doch gar nichts über sie!«

Darauf folgte die Stimme eines Mannes: »Sie ist halb tot, hätte ich sie sterben lassen sollen? Oder zulassen, dass sie Natalie zum Fraß vorgeworfen wird? Ich habe viel Schlimmes getan, bis ich mich endlich für das Richtige entschieden habe – und diese eine konnte ich retten! Außerdem denke ich, sie könnte uns nützlich sein.«

»Du kannst froh sein, dass ich dir vertraue. Wirklich.« Ein lautes Seufzen der Frau. »Bring sie in das leere Notfallzimmer. Mal sehen, was wir mit ihr …«

Erholsame Schwärze ergriff erneut Besitz von ihr und sie ließ es dankbar geschehen.

Charlie lauschte einen Moment, ehe sie sich regte. Zu hören war nur ein leises Surren wie von Maschinen, sonst nichts.

Wurde sie beobachtet? Wo war sie? Befand sie sich in Gefahr?

Ihre Finger tasteten sich langsam vor und erfühlten weichen Stoff – eine Matratze – und sie lag unter einer Decke. Konnte sie es wagen, einen Blick auf ihre Umgebung zu werfen? Hätte jemand sie umbringen wollen, hätte er es schließlich längst tun können, und sie konnte sich nicht ewig schlafend stellen. Noch einmal horchte sie, doch außer einem Surren war da noch immer nichts. Sie atmete einmal tief durch und öffnete vorsichtig die Augen.

Ihr Blick fiel als Erstes auf gemauerte Steinwände ohne Dekoration und eine Stahltür. Dann huschte ihr Blick zu der Infusion an ihrem Arm. Ihr Herz machte einen Satz. Woher sollte sie wissen, was da gerade in ihren Körper tropfte? Erneut rief sie sich ins Gedächtnis, dass sie längst tot gewesen wäre, hätten ihre Retter das gewollt. Sie drehte den Kopf langsam weiter nach links.

»Amy! Du bist wach.«

Charlie zuckte zusammen und wäre vom Bett gefallen, hätte der junge Mann mit den dunklen Haaren sie nicht blitzschnell mit einem Griff um die Hüfte festgehalten. Schmerz schoss durch ihren Bauch und augenblicklich fiel es ihr wieder ein. Die Wiederherstellung bei Better Life. Marvin, der von Natalie niedergeschlagen worden war. Überhaupt: Natalie, die kurz vor dem Knock-out offenbart hatte, Grewes Tochter zu sein! Der Schuss ...

Charlie zitterte.

Offensichtlich bemerkte der Mann ihre Angst, denn er ließ sie sofort wieder los und zog sich auf den Stuhl neben dem Bett zurück. Aufmunternd lächelte er ihr zu.

»Wer ... Wer sind Sie? Wo ist Marvin?«, stotterte Charlie und beobachtete den Mann, der sich eine Strähne seines dunkelbraunen Haares aus der Stirn strich.

»Mein Name ist Tristan. Ich habe dich hierhergebracht, sonst wärst du verblutet. Oder irgendwas anderes Schlimmes wäre mit dir passiert. Aber keine Sorge, bei uns bist du vorerst sicher.« In seinen braunen Augen lag Sorge und Charlie fragte sich, wieso.

Sollte sie diesen Mann kennen? Gehörte er also nicht zu Natalie, wenn er sie *hierhergebracht* hatte, wo auch immer hier nun war?

»Wieso haben Sie mir geholfen? Wo bin ich überhaupt? Gehören Sie zu Better Life? Und was bitte bedeutet *vorerst sicher*?« Charlie versuchte sich aufzusetzen, doch die Schmerzen waren zu groß.

»Nicht versuchen aufzustehen! Du hattest zwar Glück und wir haben Connections zu einem guten Arzt, der dich dann versorgt hat, aber nichtsdestotrotz bist du verletzt und deine Wunde muss erst mal heilen. Nicht dass sich das infiziert oder aufreißt.«

Sie ließ sich wieder in das Kissen sinken, während er weitersprach. Im Moment konnte sie sowieso nichts anderes tun.

»Du bist ... an einem geheimen Ort. Sorry, ich kann dir im Moment nicht mehr dazu sagen. Kannst du dich an etwas erinnern?«

Charlie überlegte. War das eine Fangfrage? Sie beschloss, die Antwort so knapp wie möglich zu halten. »Ja ... Ich war bei Better Life und wurde angeschossen. Als Nächstes war ich hier, aber wie ein Krankenhaus sieht das nicht gerade aus.«

»Richtig.« Er lächelte und Charlie betrachtete Tristans kantige Gesichtszüge. »Weißt du sonst noch alles über dich? Wie du heißt, zum Beispiel?«, fragte er.

Charlie kniff die Augen zusammen. Konnte sie diesem Typen trauen? Er fragte und fragte, aber Antworten bekam sie keine. Zumindest keine richtigen. Sie beschloss, ihn ein paar Eckdaten wissen zu lassen, um das Gespräch aufrechtzuerhalten. Vielleicht würde sie so doch noch etwas aus ihm herausbekommen. »Mein Name ist Charlie. Sie haben mich Amy genannt, aber so heiße ich jetzt nicht mehr. Es gab nie eine richtige Amy.« Sie sprach diese Worte aus und doch spürte sie, dass der Teil namens Amy nie ganz verschwinden würde. Er war noch da. Irgendwo, tief verborgen ...

Erkenntnis breitete sich auf Tristans Gesicht aus. »Ich habe geahnt, dass du eine Gelöschte bist – oder warst. Ich kannte dich nämlich, also zumindest kannte ich Amy.«

Interessant, dachte Charlie. *Er kennt mich. Nur kenne ich ihn nicht mehr.*

Plötzlich fühlte sie sich wie erschlagen. Müde, sie war so furchtbar müde. Sie schaffte es nicht, weiter gegen die bleierne Müdigkeit anzukämpfen. Erschöpft sank sie tiefer in die Kissen und dämmerte abermals weg.

Als sie das nächste Mal aufwachte, saß niemand bei ihr. Die Infusion war entfernt worden und sie fühlte sich frischer, wacher. Und sie wollte endlich wissen, wo sie war und wer dieser Tristan war – und wie genau er Amy gekannt hatte. Und natürlich, was er von Amy gewollt hatte, in welchem Verhältnis sie zueinander gestanden hatten. Vielleicht konnte sie durch ihn noch Näheres über ihren Aufenthalt bei Better Life erfahren? Zumindest, sofern er noch einmal auftauchen würde.

Sie tastete neben sich und fand einen Sensor, der das Kopfteil des Bettes hochfahren ließ, sodass sie hoffentlich bequemer sitzen konnte. Zwar hatte sie jetzt einen besseren Überblick, das bequeme Gefühl blieb jedoch aus, denn als ihr Oberkörper in eine aufrechte Position fuhr, schmerzte ihr Bauch. Sie hob die Decke an und sah, dass sie eine grüne Hose und ein grünes Hemd trug. Vorsichtig schob sie die Hose ein Stück hinunter, das Hemd ein Stück hoch, und blickte auf die Wundkompresse an ihrem Bauch, direkt neben dem Bauchnabel. Eine weitere befand sich ein Stück weiter rechts, am unteren Rippenbogen. Es sah aus, als wäre die Kugel schräg durch sie hindurchgegangen. Sie musste verdammtes Glück gehabt haben.

Blitzartig wurde ihr klar, dass diese Leute, wer auch immer sie waren, sie nackt gesehen haben mussten. Schnell zog sie die Hose wieder hoch, ließ das Hemd nach unten rutschen und schüttelte den Kopf. Über was machte sie sich hier eigentlich Gedanken? Natürlich hatte sie jemand nackt gesehen, wenn sie hier in fremder Kleidung lag und offensichtlich versorgt worden war. Aber das sollte momentan ganz unten auf ihrer Prioritätenliste stehen.

Sie fragte sich, wie lange sie schon hier war. Und wo waren Marvin und Zoe? Was war mit Grewe, Natalie und Better Life geschehen?

Nachdem sie sich betrachtet hatte, schaute sie sich aufmerksam in dem kleinen Zimmer um. Es hatte kein Fenster, es gab lediglich eine Stahltür rechts von ihr, die sie zuvor bereits entdeckt hatte.

Ansonsten gab es nur das Bett, in dem sie lag, und neben ihr einen Metallschrank und eine kleine Kommode. Zu hören war nichts, auch das Summen, das sie zuvor vernommen hatte, war verschwunden.

Sie streckte ihre Hand aus und versuchte, eine Schublade der Kommode zu öffnen, doch sie war abgeschlossen.

Ob sie aufstehen konnte? Vorsichtig stützte sie sich ab und stemmte sich ein Stück nach vorne. Es schmerzte, aber es ging. Charlie biss die Zähne zusammen und schwang und schwang erst das eine und dann das andere Bein über die Bettkante, bis ihre nackten Füße den kalten Boden berührten und sie erschauderte. Langsam verlagerte sie ihr Gewicht auf die Beine, stützte sich weiter mit einer Hand ab und ging ihren ersten, schmerzhaften Schritt. Es stach in ihrem Bauch, aber immerhin – sie konnte laufen.

Sie tapste leise Richtung Tür und suchte vergeblich nach einem Mechanismus, mit dem sie diese hätte öffnen können.

Sie dachte daran, zu klopfen, und zögerte zunächst. In Gedanken ging sie ihre Möglichkeiten durch und entschied sich schließlich, es zu tun. Sie würde so oder so nicht ohne Hilfe hier herauskommen. »Hallo? Ist da jemand?«, rief sie, während sie gegen die Tür klopfte. Keine Reaktion – sie versuchte es noch einmal energischer.

Eine Antwort blieb weiterhin aus und so schlich Charlie zu dem Metallschrank und probierte dessen Türen zu öffnen. Doch auch diese waren abgeschlossen. Natürlich.

Sie ging langsam zurück zum Bett und setzte sich seufzend auf die Kante, ehe sie die Beine wieder hochschwang.

Was nun?

Ihr Blick fiel auf das Tattoo an ihrem Bein, das Unendlichkeitszeichen, das sie sich mit Marvin hatte stechen lassen. Die Erinnerung daran schmerzte sie zutiefst. Ob es Marvin gut ging? Sie fuhr mit der Hand über die dünnen Linien des Unendlichkeitszeichens auf ihrem rechten Bein. »Marvin ...«, murmelte sie. »Wo bist du? Habe ich dich auch verloren?«

»Das Unendlichkeitszeichen, stimmt's?«
»Genau!«
Sie stiegen die drei kleinen Stufen empor und betraten das Studio.
»Hast du Angst?«, fragte Charlie.
Er lächelte und gab ihr einen Kuss auf die Stirn, ehe er sagte: »Angst? Ach, selbst wenn. Für dich nehme ich das auf mich.«
Charlie wippte mit den Augenbrauen und sagte, halb im Scherz und halb im Ernst: »Das heißt, du wirst immer bei mir bleiben und mich beschützen?«

Marvin hingegen blieb gänzlich ernst, als er sagte: »Ich verspreche es.«

Die Tür öffnete sich und riss Charlie aus ihren Erinnerungen. Dieser Mann – wie hieß er doch gleich? Tristan? – kam in den Raum geschlendert. Er hatte einen roten Kapuzenpullover und eine Jeans an und sah insgesamt sehr sportlich aus. Auch jetzt fielen ihm wieder Strähnen seines etwas längeren Haares ins Gesicht. Vermutlich war er ungefähr in ihrem Alter.
»Hallo A…«, er hielt kurz inne, »Charlie meine ich.«
»Hallo«, entgegnete sie, schwer bemüht, ihre Stimme fest klingen zu lassen. Jetzt würde sie hoffentlich Antworten erhalten.
Er lächelte und machte den Weg für eine leicht rundliche, blonde Frau hinter ihm frei. »Das ist Cordula«, sagte er und deutete auf die Frau.
»Hi«, sagte Cordula freundlich, trat näher hera, und streckte Charlie die Hand entgegen.
»Hallo.« Zögernd erwiderte sie den festen Händedruck. »Verraten Sie mir jetzt, wo ich bin und was Sie von mir wollen? Und wo meine Freunde sind?«
Zu Charlies Erstaunen antwortete diese Cordula einfach mit: »Nein, noch nicht«, ging einige Schritte zurück und lehnte sich gegen die Wand. »Erst mal sollten wir klären, wo wir alle stehen.«

Kapitel 3

Natalie, Diakonie Himmelspforte, 2075

»Mhmhmhm …« Natalie summte eine Melodie und schwenkte ihr pinkfarbenes Handtäschchen hin und her, als sie die Diakonie betrat, in der sie sich inzwischen viel häufiger aufhielt als in dem Bürogebäude ihrer neuen Firma.

»Guten Morgen, Frau Scholz!«, rief ihr eine der Pflegerinnen zu. Scholz – das war der Nachname ihres verstorbenen Mannes, den sie angenommen hatte, um ihren Mädchennamen *Grewe* ad acta legen zu können.

Das mit Bernd war eine Prozedur gewesen … Sie hatte ihn hauptsächlich seines Namens wegen geheiratet. Nicht, dass dieser Name nun so herausragend gewesen wäre, nein, aber alles war besser, als so zu heißen wie ihr Vater. *Frau Grewe* genannt zu werden, war unerträglich für sie gewesen und hatte zu viel ausgelöst. Da war Bernd, der damals weder besonders hässlich noch besonders gut aussah, als Ehemann das kleinere Übel gewesen.

Tot stellte sich die Frage nach seinem Aussehen natürlich nicht mehr.

Seine Marotten waren ihr allerdings immer ein Dorn im Auge gewesen. Ständig war er in geschmacklosen Hawaiishorts herumgelaufen und sein Bauch war über den Bund gequollen. Oder er hatte beim Fußballsehen herumgegrölt. Generell war er eher der Ich-lass-mich-bedienen-und-furze-auf-die-Couch-Typ gewesen. Gut, ein bisschen hatte sie ihn auch gemocht und es immerhin einige Jahre mit ihm ausgehalten. Manchmal hatte er schöne Dinge für sie gekauft, das hatte ihr gut gefallen. Dennoch, schlussendlich hatte sie ihn entsorgen müssen. Sie hatte sein Bier mit etwas Schlafmittel versetzt, seine Chipnummer auf die eines Obdachlosen in einem anderen Land transferieren lassen und dann überlegt, wie sie ihn sich vom Halse schaffen sollte. Natalie war dafür gewesen, Bernd zu zersägen und häppchenweise an seinen Lieblingshund zu verfüttern. Lydia war jedoch für eine Beseitigungsmethode gewesen, die alle DNA-Spuren tilgte, denn diese hätte man im Kot des Hundes nachweisen können. So hatten sie die Leiche dann im Keller in Chemikalien aufgelöst. Im Vergleich dazu war es ein Leichtes gewesen, sein Verschwinden wie eine Geschäftsreise aussehen zu lassen.

Natalie kicherte in sich hinein. Sie hatte so vielen Leuten etwas vorgespielt. Auch Zoe hätte unter keinen Umständen Verdacht geschöpft, dass Carlos Grewe ihr Vater war. Über ihre Familie hatte sie ja nie gesprochen, sondern nur eine schwierige Kindheit angedeutet, um Nachsicht für ihre Verschwiegenheit bezüglich ihrer Vergangenheit einzuheimsen. Und das mit dem Rückversicherungsvideo, dass sie Zoe im Café gegeben hatte! Das war zu gut gewesen. Schließlich wusste aufgrund ihrer Geheimniskrämerei niemand, dass ihre Mutter, Grewes angeblich betrogene Frau, längst verstorben war. Zum Schluss war es für Zoe und ihre Freunde zu spät gewesen. Was für ein unbezahlbarer Moment das gewesen war! Die schockierten Blicke, die Angst, die sich in ihren Gesichtern widergespiegelt hatte. Natalie hatte jede Sekunde davon ausgekostet wie den harmonischen und langen Abgang eines guten Weines. Es war der beste Tag ihres bisherigen Lebens gewesen.

»Guten Morgen!«, trällerte sie fröhlich zurück und stieg in den Fahrstuhl. Sie scannte sich und fuhr dann hinab in die unterste Etage. Die für die Störenfriede, mit denen sie später noch einige Tests durchführen wollte. So musste sie kein Menschenleben verschwenden und konnte die Testobjekte stattdessen für weiterführende Experimente lagern.

In genau derselben Etage, in der ihr Vater sein erbärmliches Dasein fristete … und das momentan als einziger Insasse, denn die restlichen waren schon verwendet worden oder noch auf freiem Fuß.

Sie atmete tief durch und ließ die Luft seufzend wieder aus ihren Lungen entweichen.

Was für ein herrlicher Tag!

Lydia hatte ihr eine weitere Chance gegeben und sie würde sie nicht enttäuschen.

Ding.

»*Etage minus eins. Sicherheitsprotokoll beachten*«, ertönte die Stimme des Fahrstuhls.

Sie verdrehte die Augen. Als wenn sie das Sicherheitsprotokoll, das aus einem zweiten Scan bestand, nicht genaustens kennen würde! Aber heute konnte ihr nichts und niemand ihre gute Laune verderben.

Sie stieg aus und scannte sich ein weiteres Mal, damit kein Alarm ausgelöst wurde.

Auf dem Weg durch die unterste Etage klackerten ihre High Heels so laut, dass ein Echo von den Wänden widerhallte. Hier unten war es keineswegs so gemütlich eingerichtet wie in den oberen Etagen, die größtenteils der Show dienten und für eventuelle Überprüfungen herhalten mussten. Natürlich abgesehen von einigen Lösch- und Untersuchungsräumen, die jedoch nicht auf Anhieb als solche zu identifizieren waren. Es hätte sich auch um normale Untersuchungsliegen handeln können, nur dass sie eben spezielle Funktionen hatten.

Das ursprüngliche Better-Life-Gebäude wurde nur noch für offizielle Büroarbeiten und Ähnliches genutzt. Demonstranten hatten teilweise Better Life belagert, Parolen gerufen, sogar versucht, Fensterscheiben einzuschlagen – und es natürlich nicht geschafft, da es sich um bruchsicheres Glas handelte. Es war aber nicht auszuschließen gewesen, dass diese Aktivisten es doch einmal ins Gebäude schaffen würden. Und deshalb hatte Natalie beschlossen, so zu tun, als ob die Arbeit weiterhin in dem Better-Life-Gebäude stattfand, damit diese Leute sich dort austoben konnten. Die Hauptarbeit für die wirklich wichtigen Projekte wurde nun in der Diakonie Himmelspforte erledigt und das wussten diese Quälgeister nicht.

Hier unten war alles kahl und steril, sie fröstelte. Ganz hinten, neben einigen anderen Zellen, befand sich die Zelle ihres Vaters. Einige Hocker standen herum, ansonsten gab es nichts, das der Rede wert war.

»Familienbesuch, Papi!«, rief sie fröhlich, blieb vor der letzten Tür, an der oben ein kleines Gitter zum Durchsehen eingelassen war, stehen und drückte auf ihr Armband. Sofort erschien das Holo von einem ihrer Securitymänner, Lenny Dittmann, der Natalie mit ernstem Blick ansah.

»Ist er gesichert?«, fragte sie.

»Patient ist mit Ketten gesichert«, bestätigte Dittmann.

»Danke, Schätzchen.« Natalie drückte erneut auf das Armband, um das Holo verschwinden zu lassen. Ob Dittmann *Schätzchen* genannt werden wollte, war ihr herzlich egal – sie hatte viel zu gute Laune, um es nicht zu tun.

»Na, dann wollen wir mal«, sagte sie zu sich selbst und hielt ihr Handgelenk an den Scanner. Die Tür glitt auf und bot ihr einen freien Blick auf ihren bemitleidenswerten Vater.

Grewe saß, mit Handschellen an die Wand gekettet, im hinteren Teil des verdreckten Betonraumes. Schwarze Ringe umgaben seine rot unterlaufenen Augen, er sah ausgemergelt und kraftlos aus. Es stank bestialisch nach Exkrementen.

»Puh«, sagte Natalie, wedelte angeekelt mit ihrer Hand vor ihrer Nase herum und griff in ihre Tasche, um kurz darauf ihr Lieblingsparfum zu versprühen. »Ich werde den Pflegern sagen, dass sie dich abduschen und den Eimer leeren sollen, bevor ich komme. Du stinkst.« Sie rümpfte noch einmal die Nase und steckte das Parfum wieder ein. »Wie geht's dir?«

Müde sah er zu ihr auf und krächzte mit heiserer Stimme: »Willst du mich verarschen? Wie soll es mir schon gehen?«

Natalie schnappte sich einen der Hocker, platzierte ihn direkt unter dem Türrahmen und setzte sich umständlich hin, damit ihr kurzer Rock an Ort und Stelle blieb. Einen Moment lang überlegte sie, ob sie ihre Handtasche ablegen sollte, entschied sich nach einem Blick auf den dreckigen Boden aber dagegen.

»Du solltest stolz auf mich sein! Deine Tochter, und das bin ich, falls du es vergessen hast, leitet eine große Firma. Deine Firma. So sollte es doch laufen, nicht wahr? Ein richtiger Familienbetrieb, Papi.« Sie kicherte.

Grewe verengte seine müden Augen. »Von einem Familienbetrieb kann hier wohl eher nicht die Rede sein. Wie lange willst du mich hier noch schmoren lassen? Was hast du mit mir vor?«

»Oh, ich habe so einiges vor. Du wirst überrascht sein, und stolz, ja, stolz wirst du auch sein!«

»Natalie. Ich war immer stolz auf dich, mein Täubchen. Weißt du das denn nicht? Es tut mir leid, wenn ich dir das nicht richtig gezeigt habe. Ich mache es wieder gut. Aber das kann ich von hier unten nicht …«

Wie süß. Jetzt ändert er seine Taktik. Er wirkt richtig verzweifelt.

»Aber natürlich …« Sie seufzte theatralisch. »Weißt du, mach dir nichts daraus, dass es dir momentan ein bisschen dreckig geht. Ich werde deine Erinnerung später löschen und dann können wir wieder eine richtige Familie sein. Ich habe einen wunderbaren Deal mit Herrn Römer abgeschlossen.«

»Mit … du hast … er hat mit dir gesprochen?«

»Richtig, Papa. Ich habe mir deinen Geschäftspartner vorgenommen. Und gemeinsam haben wir Großes vor. Wir bringen zu Ende, was du begonnen hast. *Ich* bringe es zu Ende.«

»Du wirst WP-beta 1.3 weiterentwickeln? Weißt du denn nicht mehr, was ich dir gesagt habe? Es funktioniert doch nicht einmal richtig!« Grewes Augen weiteten sich und Natalie konnte die roten Äderchen darin erkennen, obwohl sie nicht nah beieinander saßen.

»Weiterentwickeln? Ich werde es revolutionieren!« Natalie strich über ihr Armband. *Fünf Minuten noch, maximal. Länger konnte sie es in diesem Gestank nicht mehr aushalten.*

»Wie hast du Römer auf deine Seite gezogen?« Mit schmerzverzerrtem Gesicht versuchte ihr Vater, sich mit den Beinen in eine bequemere Position zu drücken. Doch das war nur schwer möglich mit über dem Kopf festgeketteten Händen. Sie befanden sich in einer für ihn ungünstigen Höhe, sodass er weder richtig sitzen noch richtig liegen konnte.

Selbst schuld!

Sie winkte ab. »Das war nicht schwer. Du erinnerst dich doch sicher an die Spendengala, auf der du ihn kennengelernt hast. Auf der diesjährigen war ich selbst anwesend und hatte ein sehr verlockendes Angebot für ihn. Alles, was wir noch benötigen, habe ich hier.« Sie machte eine ausladende Armbewegung, legte den Kopf schief und lächelte. »Und jetzt muss ich los, ich wollte nur mal eben nach dir sehen. Schönen Tag dir noch!« Schwungvoll stand sie auf und schob den Hocker zurück in den Gang. Sie überlegte kurz und näherte sich vorsichtig dem Eimer mit den Exkrementen. Langsam stieß sie mit dem Fuß an das obere Ende, sorgsam darauf bedacht, sich die Schuhe dabei nicht schmutzig zu machen. Der Eimer kippelte.

Grewe rief: »Natalie, nein, das kannst du nicht tun!«

»Und wie ich das kann.«

Sie stieß heftiger gegen den Eimer, sodass er umfiel und sich über Grewes Beine entleerte.

Grewe lief knallrot an. Ob nun aufgrund der Demütigung oder der Wut, wusste Natalie nicht. Sie würde diese Erinnerung später löschen – deshalb war es ihr auch herzlich egal.

»Uuups. Keine Sorge, später wirst du es nicht mehr wissen, aber ich brauchte das jetzt.« Lächelnd verschloss sie die Tür und schlenderte trällernd zurück zum Fahrstuhl.

Kapitel 4

Marvin, Berlin, 2075

Marvin erwachte mit hämmernden Kopfschmerzen. Er stöhnte, hob die Hand und befühlte seine Stirn, ehe ihm wieder klar wurde, was passiert war – und wo er sich befand. Er hatte keine Beule mehr, schon lange nicht mehr. Aber jede Nacht sah er die Waffe auf sich zukommen und wachte auf, wenn sie ihr Ziel erreichte: seinen Kopf. Und immer, wenn er morgens die Augen öffnete, schmerzte die Stelle und er war von Neuem verwirrt. Marvin setzte sich auf, zog die Beine an die Brust und wickelte die lächerlich dünne Decke um sich herum. Wie lange war er jetzt hier? Wochen? Monate?

Das Zimmer hatte keine Fenster und auch sonst keinen Luxus, falls man ein Fenster als Luxus bezeichnen wollte. Für ihn wäre es das inzwischen gewesen. Lediglich eine in der Decke eingelassene Leuchtröhre tauchte den Raum in ein dämmriges Licht.

Er sehnte sich nach frischer Luft, nach neuer Kleidung, nach einer Dusche. Aber vor allem sehnte er sich nach Charlie. Was war mit ihr passiert, nachdem Natalie ihn niedergeschlagen hatte? Und was war mit Zoe geschehen? Hoffentlich ging es den beiden gut. Hoffentlich lebten sie überhaupt noch.

Er wusste nichts, bis auf die Tatsache, dass er hier gefangen war.

Da Marvin nur ein Krankenhausnachthemd trug, fror er und versuchte, die Beine noch enger an seinen Körper zu ziehen, um sich ein wenig zu wärmen. Für einen Moment verrutschte die Decke und gab das Unendlichkeitszeichen auf seinem Bein frei.

Die Erinnerung an die gemeinsame Zeit mit Charlie und wie schnell er sie wieder verloren hatte, verursachte einen tiefen, inneren Schmerz in ihm. Doch er wollte nicht weiter darüber nachdenken und schüttelte sie ab, so gut er konnte. Er musste gefasst bleiben und sich überlegen, wie er hier rauskommen konnte. Wie jeden Tag, ging er in Gedanken den Tagesablauf durch und hoffte, dabei auf neue Details zu stoßen, die er bisher vielleicht übersehen hatte: Es gab zweimal täglich Essen, morgens und abends, wie er vermutete. Bei der Ausgabe bestand keine Chance auf eine Flucht, weil das Essen direkt durch eine Öffnung ganz unten in der Tür geschoben wurde. Die Hand hineinzustecken hatte er bereits versucht und war mit einem heftigen Stromschlag bestraft worden. Er würde also etwas brauchen, das nicht leitete. Und selbst dann hätte er nicht viel von seiner Aktion, außer eben eine offene Klappe, durch die gerade einmal das Tablett mit dem Essenspaket passte.

Alle drei Tage, so schätzte er es anhand der Mahlzeiten, durfte er unter Aufsicht duschen. Dabei standen jedes Mal zwei Wächter und ein Pfleger um ihn herum und trieben ihn entnervt an. Auch dabei würde er nicht flüchten können, das war einfach aussichtslos. Fünf Minuten hatte er Zeit für seine Körperpflege – dann musste er sich wieder anziehen und wurde zurück in seine trostlose Zelle gebracht, manchmal auch geschubst, nur um den Kreislauf wieder von vorne zu beginnen.

Sechs Mahlzeiten bis zur Dusche.
Dreimal schlafen.

Und hier saß er nun, ohne zu wissen, wie viel Zeit insgesamt vergangen war, was mit seinen Freunden geschehen war oder was Better Life mit ihm anstellen würde. Dass Natalie Grewes Tochter war, hatte ihn geschockt. Es ergab keinen Sinn für ihn. Wieso war sie Zoes Freundin gewesen? Was ging in dem Kopf dieser kranken Person vor? Hatte Zoe denn nie irgendwelche Anzeichen bemerkt?

Ehe er weiter darüber nachdenken konnte, hörte er ein Geräusch. Schritte näherten sich. Die letzte Dusche war erst vor drei Mahlzeiten gewesen, also vermutlich vor eineinhalb Tagen. Sollten sie tatsächlich die Tür zu seinem Raum öffnen, wichen sie damit von dem üblichen Prozedere ab. Das konnte ein gutes oder ein schlechtes Zeichen sein …

Die Tür glitt auf. Das helle Licht blendete ihn, sodass er nicht erkennen konnte, wer im Türrahmen stand, nur, dass es sich um zwei Personen handelte.

»Aufstehen und mitkommen.« Das war die Stimme des gruseligen Pflegers, der ihn immer zur Dusche begleitete. Sie klang autoritär und ließ keine Widerworte zu.

Da Marvin keine andere Wahl blieb, stand er gehorsam auf und ging langsamen Schrittes, sich die Augen mit der Hand abschirmend, auf den Pfleger zu. Sein Herz machte einen Satz, als starke Hände nach ihm griffen und ihn in den Flur zerrten.

»Nach oben«, sagte der Pfleger zu dem Mann, der Marvin gepackt hatte. Marvin blinzelte, seine Augen hatten sich noch immer nicht an das hellere Licht gewöhnt. Die starken Arme zerrten ihn weiter, in den Fahrstuhl hinein. Er spürte den kalten, metallenen Boden unter seinen nackten Füßen und fröstelte.

Ding.
»Sicherheitsprotokoll beachten.«

Er blinzelte weiter und konnte langsam ein wenig erkennen.

»Das Scheißprotokoll nervt«, sagte der Pfleger und scannte sich, so, wie er es eben schon einmal getan hatte.

Nun brummte der andere Mann: »Protokoll ist eben Protokoll.«

»Endlich«, sagte der Pfleger, als der Fahrstuhl sich in Bewegung setzte.

Marvin spürte, wie ihn die Aufwärtsbewegung leicht nach unten drückte und ihm wurde übel. Er war froh, aus seiner Zelle herausgekommen zu sein, dennoch spürte er das Zittern seiner Beine. Was würden sie mit ihm anstellen?

Ding.
»Bitte gehen Sie durch den Scanner.«

Die beiden Männer schubsten Marvin vorwärts in den Flur, der ein unangenehmes Wiedererkennen in ihm hervorrief. Die Bilder an den Wänden, die Landschaften oder Stillleben zeigten …

Sie schubsten ihn weiter und er konnte auf einem Display an der Wand einen Tresen erkennen, einen Empfangstresen.

Auch der medizinische Geruch, der sich mit dem alter Menschen und deren Ausscheidungen vermischte, war unverkennbar. Natürlich, es war die Diakonie Himmelspforte, in der er mit Zoe gewesen war und in der die Better Lifes Opfer beherbergt wurden – zumindest die, die noch am Leben waren. Sein Herz klopfte schneller. War er im dritten Stockwerk der Diakonie?

Das, in dem sie die schreiende junge Frau in einem Krankenbett entdeckt hatten und später auf den wirren Professor gestoßen waren?

Was hatten sie bloß mit ihm vor, wollten sie Experimente an ihm durchführen?

Seine Knie schlotterten, als er daran dachte, wie er als sabbernder Hilfloser in der Diakonie liegen würde, ausgelöscht, ein für alle Mal.

Der Pfleger löste den Mann, den Marvin inzwischen als Wachmann erkannt hatte, ab und packte seinen Arm. Er zog ihn grob nach links, in ein geräumiges Zimmer, das trügerischerweise in behaglichem Landhausstil eingerichtet worden war und ein großes Fenster besaß, während der Wachmann draußen stehen blieb.

Licht! Tageslicht!

Natürlich wusste Marvin, dass es sich bei dem Äußeren um eine Show handelte und er nichts Gutes zu erwarten hatte. Aber das Licht war trotz allem eine Wohltat – er hatte nicht unbedingt damit gerechnet, jemals wieder Tageslicht zu sehen.

Der Pfleger schubste ihn mit den Worten: »Du stinkst abartig«, noch ein Stück vorwärts, sodass Marvin stolperte und sich gerade noch an einer Liege abstützen konnte. Er spürte Wut in sich aufsteigen. Diese Leute behandelten ihn wie ein Stück Vieh!

Lass dir das nicht gefallen.

Marvin drehte sich hektisch herum, sah aber nur das mürrische Gesicht des Pflegers. Hatte er nicht eben eine Stimme gehört?

»Hörst du auf, mich anzuglotzen, oder was hast du für'n Problem? Erwartest du, dass ich dir noch Popcorn bringe?«, schnauzte der Pfleger, dessen Namensschild Marvin nun endlich entziffern konnte. *Emanuel Schwab.*

Statt zu antworten, senkte Marvin den Blick, verharrte so für einige Sekunden und hob ihn dann wieder, als die Tür sich öffnete und eine junge dunkelhaarige Frau eintrat. Im Gegensatz zu diesem Schwab hatte sie ein sehr freundliches Gesicht und hätte Marvin es nicht besser gewusst, wäre ihm ihr Lächeln echt erschienen.

»Hallo, ich bin die Marion«, sagte sie mit leicht bayrischem Akzent und streckte ihm die Hand hin. Er starrte sie nur wütend an. Als ob er ihr noch fröhlich die Hand geben würde …

Einen Moment verharrte sie so, dann ließ sie ihren Arm wieder sinken und wandte sich, noch immer milde lächelnd, dem männlichen Pfleger zu. »Sie können gehen, ich hab alles im Griff.«

»Gut. Ich schicke Ihnen Dittmann rein.« Schnellen Schrittes verließ er das Zimmer und an seiner Stelle betrat der breit gebaute Wachmann den Raum. Er stellte sich in ein paar Metern Abstand zu Marvin, fixierte ihn und die Pflegerin mit seinem Blick und nickte ihr zu. Auch Marvin betrachtete den Mann eingehender. Sein Blick wanderte über die schwarze Uniform, seinen Gürtel mit dem Elektroschocker und der Pistole daran, bis zu seinen schwarzen polierten Stiefeln.

Marion weckte Marvins Aufmerksamkeit wieder, indem sie sich an ihn wandte. »Wir werden Sie jetzt erst mal ein wenig herrichten, so können Sie der Chefin nicht gegenübertreten.« Ihre Augen musterten ihn von oben bis unten und sie stemmte die Hände in die Hüften. Dann rümpfte sie die Nase, fuchtelte mit der Hand, drehte sich um und steuerte auf eine weitere Tür zu, die vermutlich in ein Badezimmer führte. »Kommen Sie.«

Chefin. Sie hat Chefin gesagt. War nicht Grewe der Chef?
Zögerlich folgte er ihr und spürte genau, dass der Wachmann sich direkt hinter ihm befand.

Marion öffnete den Eingang zum Badezimmer und sagte: »Nach Ihnen, junger Mann.«

Den Wachmann, der Marvin folgen wollte, stoppte sie mit ihrer ausgestreckten Hand. »Das würde ich nicht tun.«

Marvin sah, wie er die Pflegerin fragend musterte.

Sie sprach weiter. »Dieser Kerl hier«, sie deutete erneut auf Marvin, »hat sich längere Zeit nicht mehr frisch gemacht und riecht dementsprechend. Ich würde Ihnen daher raten, lieber an der Türschwelle stehen zu bleiben, während ich ihn sauber mache.«

Mit einem Nicken lehnte er sich an den Türrahmen. »Gut. Das wird sich einrichten lassen, ich sehe Sie ja von hier aus.« Er verschränkte die Arme und ließ sie gewähren.

Obwohl das kleine, gefliese Badezimmer mit der auf ebenem Boden eingelassenen Dusche gut beheizt war, zitterte Marvin.

Marion wischte mit einer routinierten Handbewegung an der Wand entlang und eine Art Paravent schob sich heraus. Sie deutete darauf und sagte. »Dahinter können Sie sich ausziehen, ich gebe Ihnen gleich ein Handtuch.«

Widerwillig trat er hinter den schwarzen Paravent und fragte sich, was das Ganze sollte. »Ausziehen? Was haben Sie mit mir vor?«, platzte es aus ihm heraus, obwohl er es nicht hatte laut sagen wollen.

Er hörte etwas klappern und sah kurz darauf Marions Hand mit einem Duschtuch zu ihm hereinwedeln und nahm es an sich.

»Keine Angst«, sagte sie. »Sie sollen einfach nur duschen, damit Sie nicht mehr nach Schweiß und … und Sie-wissenschon-was riechen. Es wird Ihnen keiner etwas tun. Ich darf Sie aus Sicherheitsgründen nur nicht im Bad alleine lassen.«

Aus irgendeinem Grund glaubte er ihr fast. Aber nur fast, denn er hatte zu viel erlebt, um noch bedingungslos an das Gute im Menschen zu glauben. Doch trotz aller Vorbehalte blieb ihm keine Wahl. Er zog die hässliche, grün verwaschene Kleidung aus, ließ sie auf den Boden fallen und wickelte sich schnell das Handtuch um die Hüften.

»Sind Sie fertig?«, fragte die Pflegerin.

Statt zu antworten, trat Marvin hinter dem Sichtschutz hervor. Seine Beine fühlten sich an wie aus Gummi.

Marion nickte und sagte: »Jetzt duschen. Hier finden Sie alles, Hilfe werden Sie wohl nicht benötigen, nehme ich an.«

Die dunkelhaarige Frau trat einen Schritt zurück. »Sorry, ich darf nicht wegschauen. Aber Sie können sich ja zur Wand drehen.«

Ein Blick zur Tür verriet Marvin, dass der Wachmann mit verschränkten Armen am Rahmen lehnte und grinste.

Super.

Marvin drehte sich um, legte das Handtuch neben sich auf den weißen Plastikhocker und wischte über den Sensor. Sofort lief ihm warmes Wasser über den Körper und obwohl er wusste, dass er beobachtet wurde, war die Wärme und die nach kurzer Zeit spürbare Sauberkeit auf seiner Haut eine Wohltat. Er versuchte die Blicke, die auf ihm hafteten wie eine Schmeißfliege an einem Fliegenfänger, zu ignorieren, beendete die Dusche und stellte die Trocknung an, während er sich gleichzeitig das Handtuch schnappte und seine Blöße wieder bedeckte. Hinter ihm klapperte es und der Wachmann gähnte laut. Vielleicht war das seine Art, Marvin aufzufordern, sich zu beeilen.

Als Marvin trocken war, drehte er sich herum und sah den Stapel Kleidung, den die Pflegerin ihm lächelnd unter die Nase hielt. »Keine Sorge, zukünftig suchen Sie Ihre Kleidung wieder selbst am Kleiderautomaten aus. Für heute müssen Sie allerdings hiermit vorliebnehmen«, sagte sie und schob ihn hinter den Paravent. Erstaunt betrachtete er seine neue Garderobe. Ein weißes Hemd, ein Jackett, eine Jeans und Unterwäsche. Genau die Dinge, die Paul gerne getragen hatte. Wobei Marvin zugeben musste, dass gegen Pauls Kleidergeschmack nichts einzuwenden war. Vielleicht stammten diese Dinge sogar aus Pauls Wohnung, wer wusste das schon?

Er zog sich an, strich zum Schluss das Hemd glatt und spürte, wie er am liebsten laut aufgeseufzt hätte. Die Sachen passten wie angegossen. Was das ausmachte – endlich wieder saubere Kleidung zu tragen und sich frisch zu fühlen.

»Herr Lenzen? Sind Sie fertig?« Der Ton ihrer Stimme klang nun drängender. Blitzartig wurde er aus dem kurzen Moment des trügerischen Wohlfühlens gerissen, als ihm klar wurde, dass er nun der sogenannten Chefin gegenübertreten sollte. Eine Ahnung beschlich ihn. *Hoffentlich ist es nicht sie ...*

Zögernd verließ er den Sichtschutz und erntete ein anerkennendes Augenbrauenwippen von Marion. »Viel besser«, sagte sie und reichte ihm ein Paar Schuhe.

Der Wachmann trommelte inzwischen ungeduldig mit den Fingern am Türrahmen herum. »Dauert's noch lange?«

Marvin spürte, wie die Wut sich einen Weg von seinem Bauch in seine Kehle bahnte, und konnte sie, samt der auf der Zunge liegenden Antwort, gerade noch herunterschlucken. Dieser Mann hatte nicht Tage, Wochen oder sonst wie lange

Zeit in einem muffigen Gefängnis verbracht, mit widerlichem Essen und mangelnden Möglichkeiten zur Körperhygiene. *Arschloch!* Wieder stand er kurz davor, seine Gedanken laut auszusprechen. Was war nur los mit ihm? Vielleicht lag es an den nicht vorhandenen Sozialkontakten, dass er sich so schlecht beherrschen konnte?

Er schlüpfte in die dunklen Lederslipper und sofort bot Pflegerin Marion ihm einen Arm zum Einhaken an. Marvin hatte keine Ahnung, ob es sich dabei um ein freundliches Angebot oder um eine Aufforderung handelte, also ergriff er ihn lieber und hakte sich ein.

»Na endlich«, brummte der Wachmann, als er ihnen hinterherging.

Marion führte ihn aus dem Zimmer und blieb nach einigen Metern vor einer Tür am Ende des Flures stehen.

Institutsleitung stand auf dem goldfarbenen Schildchen.

»So.« Marion wandte sich ihm zu und schenkte ihm ein herzliches Lächeln, das er nicht genau einzuordnen wusste. Hatte diese Frau eine Ahnung, was hier vorging? Musste sie doch, wenn sie ihm sagte, er dürfe seine Klamotten ab jetzt wieder selbst aussuchen. Wahrscheinlich wirkte ihr Lächeln so warm, weil sie schlicht eine bessere Schauspielerin war oder im Gegensatz zu anderen Mitarbeitern Wert auf gespielte Höflichkeit legte.

Marion sprach weiter: »Der Herr wird Sie hineinbringen zur Chefin. Alles Gute.« Damit ließ sie Marvin los, drehte sich um und verschwand schnellen Schrittes.

Mit *der Herr* meinte sie offensichtlich den überaus freundlichen Wachmann, der einen guten Kopf größer war als Marvin und ihn hämisch angrinste.

Der Mann holte sein Rolldisplay hervor und gab irgendetwas ein. Direkt danach öffnete sich die Tür und gab ein prunkvoll eingerichtetes Zimmer mit einem riesigen Fenster frei. Nur die Silhouette einer weiblichen Gestalt mit einer Lockenmähne und femininen Kurven, die direkt davorstand, minderte den Lichteinfall.

Nein.

Sie drehte sich mit einem spöttischen Lächeln zu ihm herum. »Na, das wurde aber auch Zeit.«

Sein Magen rebellierte, als er die Gestalt vor sich eindeutig erkannte. »Natalie!«, keuchte er und spürte, wie seine Beine vorwärtspreschen wollten, wie er ausholen wollte, um ihr direkt ins Gesicht zu schlagen – und wie der Wachmann ihn grob zurückriss, gegen die Wand donnerte und ihm dort seinen Arm gegen die Kehle drückte. Zu allem Überfluss schnalzte der Typ herablassend mit der Zunge und schüttelte den Kopf, als würde er ein kleines Kind zurechtweisen.

Marvins Herz raste. Vor Wut, vor Angst, vor lauter Verwirrung. Er versuchte vergeblich, sich aus dem Würgegriff des Wachmannes zu befreien, und brachte nicht mehr als ein Röcheln zustande. Die Wucht des Aufpralls hatte die Luft aus seinen Lungen gepresst und der Arm an seiner Kehle machte den Sauerstoffmangel nicht besser. Der Raum begann allmählich, sich zu drehen. Verschwommen sah er, wie Natalie mit der Hand fuchtelte, und hörte, wie sie dem Wachmann mit den Worten: »Wir brauchen ihn noch!« befahl, seinen Griff zu lockern. Der Schrank von Typ ließ endlich los. Marvin sackte auf die Knie und schnappte keuchend nach Luft.

»*Sie* sind die Institutsleitung?«, krächzte Marvin ungläubig, während er noch immer auf den Knien sitzend hustend um Luft rang.

Natalie verschränkte die Hände hinter dem Rücken und lief erhaben vor ihm auf und ab. Jeder Schritt verursachte ein klackerndes Geräusch, das Marvin noch wütender machte. Hier stand sie, in einem schicken Outfit, arrogant und inzwischen vermutlich reich, und behandelte ihn wie den letzten Dreck.

»Genau die bin ich. Und ich habe eine ganz besondere Aufgabe für dich.« Bei den letzten Worten blieb sie direkt vor ihm stehen und lächelte geheuchelt gütig auf ihn herab.

Marvin spürte die Wut immer stärker in sich brodeln. Nur zu gerne wäre er aufgesprungen und hätte aus ihr herausgeprügelt, was sie mit seinen Freunden gemacht hatte.

Doch der Wachmann stand hinter ihm und selbst wenn er ihn hätte überwältigen können, was absolut aussichtslos war, gab es garantiert noch andere Sicherheitsvorkehrungen und mehr Personal im Gebäude. Also fragte er stattdessen: »Was haben Sie mit meinen Freunden gemacht? Wo ist Zoe? Wo ist Charlie?«

Sie fuhr sich mit den Fingern durch die Haare und bauschte ihre Locken auf, während sie lächelte. »Schätzchen – Zoe geht es wunderbar. Sie befindet sich in einem hübschen Zimmer auf dieser Etage und hadert dort mit ihrem Schicksal, die Ärmste. Aber sie muss weder Hunger leiden noch in einem dreckigen Verlies hocken, wie du es musstest. Dafür bitte ich übrigens aufrichtig um Entschuldigung. Ich dachte, ich hätte keinen wichtigen Verwendungszweck mehr für dich, aber nun brauche ich dich doch noch. Mach dir keine Sorgen, wir päppeln dich wieder auf.« Sie beugte sich zu ihm herunter und kniff ihm in die Wange, wie nervige Tanten es bei ihren Nichten oder Neffen taten. Nur etwas fester und schmerzhafter.

Er drehte den Kopf zur Seite, sodass sie ihn losließ und sich wieder aufrichtete.

»Was ist mit Charlie?« Er zitterte und hätte er nicht noch auf den Knien gehockt, wäre er zusammengebrochen.

»Süßer, deine kleine Freundin ist tot. Schon lange.«

Er spürte, wie jegliche Farbe aus seinem Gesicht wich. »Sie lügen!«, brüllte er.

Bedauernd legte sie den Kopf zur Seite. »Ich habe sie selbst erschossen. Aber natürlich brauchst du einen Anreiz, um mir zu helfen, das war mir klar. Deshalb habe ich ja noch deine andere Freundin hier, die hübsche Zoe, hm?« Sie zwinkerte ihm zu.

Er keuchte. »Nein, nein, nein!« Danach wimmerte er nur noch leise: »Charlie ...«

»Denk daran«, erinnerte Natalie ihn. »Deine andere Freundin lebt noch. Und solltest du dich weigern, mir zu helfen, könnte sich das ganz schnell ändern.«

Charlie ... Charlie ...

Marvin hörte nicht mehr zu. Er spürte die Tränen nicht, die an seinen Wangen hinabliefen. Er spürte nicht, wie er immer tiefer und tiefer versank. Aber er ahnte, dass er aufgab und es war ihm egal. Nur für Charlie hatte er gelebt.

Es tut mir leid, Zoe. Ich kann nicht mehr ...

Aber ich!

Paul atmete tief durch. Er hatte alles mit angehört und gespürt, wie Marvin davongerissen wurde und ihm den Platz überlassen hatte. Paul stand auf, straffte sich und sah der wandelnden Pest namens Natalie direkt in ihre braunen Augen. Der Wachmann zuckte bereits in seine Richtung, doch Natalie hielt ihn mit einer Handbewegung zurück.

»Was muss ich tun?«, fragte Paul.

Natalie hob eine Braue und erwiderte anerkennend: »Gute Entscheidung! Setz dich und ich erkläre dir alles.«

»Für Sie immer noch *Sie*«, spuckte Paul angewidert aus und setzte sich auf den weißen Sessel gegenüber ihres Schreibtisches.

Sie tänzelte um ihn herum und setzte sich auf den Sessel auf der anderen Seite des Möbelstückes. Seine Aufforderung zum Siezen ignorierte sie. »Also, fangen wir doch erst mal mit der Vorstellung an. Mein Name ist Natalie.«

»Ich weiß«, antwortete Paul in gelangweiltem Ton. »Sie sind die angeblich beste Freundin von Zoe. Und ich frage mich, was das dämliche Spielchen soll.«

Vorsicht, ermahnte er sich selbst. *Du darfst ihr nicht zeigen, dass du Paul bist. Das ist vielleicht dein einziger Trumpf.*

»Nun, soweit ich mich erinnere, weißt du aber nicht, dass ich, Natalie Scholz, Better Life übernommen habe, da mein Vater ja nicht mehr ... nun, er ist im Moment nicht dazu in der Lage.«

»Vater? Grewe ist Ihr Vater?« Pauls Augen weiteten sich, als er verstand. Natalie war Grewes Tochter? Was war mit Grewe geschehen?

»Du hast eine unglaublich schnelle Auffassungsgabe, Schätzchen«, sagte sie ironisch und kicherte. »Aber zurück zum Geschäftlichen. Da du ja deine kleine Zoe retten willst, denke ich, dass wir uns ganz bestimmt einig werden. Das hier«, sie kramte in der Schublade und zog eine Akte heraus, die sie vor Paul ablegte, »ist die Akte über FreeMinds, eine Aktivistengruppe. Was darin steht, ist sehr, sehr wichtig für deine Mission, deshalb lies es dir genau durch.« Sie schlug die erste Seite auf.

Zu sehen waren auf den ersten Blick einige Fotos und Namen. »Wer oder was ist FreeMinds, was wollen die?«, fragte er.

»Das ist eine Gruppe organisierter Krimineller, die es sich zum Ziel gesetzt haben, uns zu vernichten. Und glaube mir – wenn sie es schaffen, wird deine Freundin mit uns untergehen.«

Paul lehnte sich zurück und verschränkte die Arme. »Und woher soll ich wissen, dass Zoe wirklich noch lebt? Sie denken doch nicht, ich erfülle irgendwelche Aufgaben für Sie, ohne Zoe gesehen zu haben?«

»Das dachte ich mir schon. Du darfst sie sehen.«

Als Paul Anstalten machte, aufzustehen, hielt sie ihn zurück. »Na, na, na. Nicht übermütig werden. Ich habe nicht gesagt, dass du sie in Fleisch und Blut sehen wirst. Jedenfalls nicht direkt.«

Sie drückte oder wischte – genau konnte Paul es nicht sehen – etwas unter ihrem Schreibtisch und die Wand aus organischen Leuchtdioden hinter ihr erhellte sich. Der Flur war zu sehen. Kurz darauf änderte sich das Bild und er konnte Zoe erkennen.

Sie stand an einem vergitterten Fenster und sah hinaus. Bekleidet war sie nur mit einem verwaschenen grünen Nachthemd, offensichtlich entsprach das dem hauseigenen Kleiderkodex.

»Das könnte eine ältere Aufnahme sein«, sagte er, ohne den Blick von der OLED-Wand abzuwenden.

»Könnte, ja. Aber ich kann beweisen, dass es sich um eine Liveübertragung handelt.«

»So?« Ein mulmiges Gefühl zog durch seinen Magen. »Und wie?«

»Ganz einfach.« Sie holte eine kleine Fernbedienung hervor und wedelte damit vor seinem Gesicht herum, sodass er ihre rot lackierten Fingernägel sehen konnte. »Ich verpasse ihr einen schönen Stromschlag. Das schadet ihr nicht nachhaltig, aber darauf reagieren wird sie schon.« Wieder kicherte sie und Paul zog scharf die Luft ein. Doch ehe er versuchen konnte, sie davon abzuhalten, sagte sie schon: »Jetzt!«, und drückte demonstrativ lächelnd auf die Fernbedienung.

Paul konnte nicht anders als hinzusehen, also starrte er auf die OLED-Wand und sah, wie Zoe sich vor Schmerzen krümmte und zu Boden fiel. »Hören Sie damit auf!«, brüllte er, wollte aufspringen, doch der Wachmann hinter ihm drückte ihn unsanft wieder in den Sessel.

»Wollen Sie es lieber selbst tun?« Sie nahm endlich den Finger von dem Knopf und er sah, wie Zoe noch einen Moment reglos liegen blieb, ehe sie sich langsam an dem kleinen Bett vor ihr hochzog.

Er presste die Lippen zu einem schmalen Strich zusammen und warf Natalie einen finsteren Blick zu.

Diese zuckte nur mit den Schultern und beendete die Übertragung. »Dann eben nicht. Aber sie lebt und ist wohlauf. Also, sind wir im Geschäft?«

»Was genau muss ich tun?«

∞

»Hier wären wir.« Marion, die freundliche Pflegerin, hatte ihn, mit den finsteren Blicken des Wachmannes in seinem Rücken, hierhergebracht. Paul nickte dankend und betrat sein neues Zimmer, das zwar klein war, ihm aber im Gegenzug zu der Gefangenschaft in Marvins Körper wie purer Luxus vorkam. Es hatte ein Bett, eine kleine OLED-Wand, einen Stuhl und einen Tisch. Irgendwie erinnerte es ihn an eine Herberge für Jugendliche.

Er war mit einem neuen Chip ausgestattet worden, mit dem Natalie ihn während seiner Mission würde orten können. Wer wusste schon, was sie damit noch tun konnte. Wie in einem Reflex fuhr er mit der Hand über die kleine Narbe an seinem Hals. Doch da war nichts mehr. Zoe hatte ihm, besser gesagt Marvin, die Zyankalikapsel entfernt und er hatte damals fast alles mitbekommen. Jeder Moment, in dem Marvin geschwächelt hatte, war ein Moment der Klarheit für Paul gewesen. Als Zoe sich in Gefahr befand, war es andersrum gewesen: Paul war dermaßen in Rage geraten und sein Beschützerinstinkt hatte so überhandgenommen, dass er Marvin kurzerhand weggedrängt hatte, um Zoe zu helfen.

Aber dieses Mal war es weder Marvin, der zu schwach war, noch Paul, der ihn gewaltsam verdrängt hatte. Man konnte fast sagen, dass Marvin den Platz freiwillig geräumt hatte, um Paul Raum zu geben. Und Paul hatte das natürlich dankbar angenommen. Irgendwer musste ja etwas tun und Marvin war zu sehr von Trauer erfüllt, weil seine Freundin Charlie nicht mehr lebte. Obwohl Paul Marvin nicht direkt als Freund sah, denn sie kämpften bisher eher gegeneinander, spürte er so etwas wie Mitgefühl.

Während seiner Grübeleien bemerkte er nicht, dass die Pflegerin noch bei ihm im Zimmer stand.

»Ich muss nur eben noch was machen …«, sagte sie und hantierte an der Wand herum. Danach ließ sie ihn mit den Worten: »Ich hole Sie später wieder ab, ruhen Sie sich aus«, allein.

Kapitel 5

Zoe, Better Life, 2074

Zoe konnte kaum atmen. Ein heftiger Sog hatte sie nach hinten gerissen, vorbei an Unmengen von Datenströmen, bis sie in einer absoluten Schwärze gefangen gewesen war. Hatte das Interface eine Störung? Oder – ihr Herz machte einen so massiven Satz, dass es fast wehtat – war Marvin etwa tot, sodass das Interface keine Verbindung herstellen konnte? Auf einmal hielt die Strömung an. Es zog nichts mehr an ihr und sie schwebte durch einen dichten Nebel, völlig ohne Zeitgefühl – bis es plötzlich wieder losging und sie zurückgezerrt wurde, zurück in die andere Richtung, vorbei an Datenströmen, zurück in ihr Bewusstsein.

Es fühlte sich wie ein Auftauchen aus den Tiefen des Meeres an. Alles drehte sich und Zoe schnappte laut nach Luft.

»Guten Morgen, Schätzchen.«

Geflutet von Adrenalin und dennoch erschöpft, blinzelte Zoe und drehte den Kopf, bis sie ihre Freundin erkannte. »Natalie?« Natalie saß, aufgedonnert wie immer, vor ihr und entfernte sich gerade das Interface von ihrem Kopf.

Moment – wieso hatte sie das Interface aufgesetzt?

»Was ... was machst du da? Wo ist Marvin?«, krächzte Zoe, noch halb benommen.

»Ich habe dich aus der Quarantäne geholt. Was man für Freunde nicht alles tut, nicht wahr? Keine Angst, Marvin geht es gut. Die süße Charlie hat es leider erwischt.«

»Quarantäne? Was?« Zoe wollte hochschrecken, doch etwas hielt sie zurück. Sie betrachtete ihre Hände, die an das Bett gefesselt waren, als wäre sie eine Psychiatrie-Insassin aus dem neunzehnten Jahrhundert. Entsetzt sagte sie: »Was soll das? Mach mich los!«

Ihr Herz hämmerte wie verrückt. Was ging hier vor?

»Na, na, na. Nicht so eilig. Erst mal schön orientieren, hat dir deine Therapeutin das damals nicht beigebracht?«

Zoe wollte an alles andere denken als an ihre Therapie und somit den Tod ihres Vaters. Was war bloß in Natalie gefahren? »Natalie, du machst mir Angst! Warum benimmst du dich so ... so eigenartig? Jetzt mach mich schon los!« Strampelnd versuchte Zoe, sich zu befreien, nur um festzustellen, dass auch ihre Füße mit stählernen Ringen am Bett festgeschnallt waren. Sie konnte lediglich den Kopf hin und her drehen.

»Es ist doch so«, Natalie ließ das Bett ein kleines Stückchen hochfahren, sodass Zoe sie besser sehen konnte, »wir kennen uns nun seit irgendwann Mitte oder Ende unseres Studiums. Und die suuupertolle Zoe war ja wieder ein Jahr früher fertig ... Na ja, wie dem auch sei. Jedenfalls warst du immer die Bessere, die Tollere – bis jetzt. Denn jetzt werde ich dir mal zeigen, wie sich das anfühlt, wenn man ...« Natalie stockte und schien verwirrt zu sein. Für kurze Zeit starrte sie durch Zoe hindurch.

Sie ist verrückt geworden. O mein Gott ... Sie ist verrückt!

Abrupt stand Natalie auf, drehte Zoe den Rücken zu und machte einen Schritt in Richtung Fenster, bevor sie anfing zu sprechen. Vermutlich handelte es sich um einen Holo-Anruf, doch Zoe konnte nicht erkennen, mit wem sie sprach.

Zoe blickte sich hektisch um. Wie erwartet, gab es nichts in ihrer Nähe, mit dem sie ihre Fesseln hätte öffnen können. Der weitere Rundumcheck ergab, dass sie sich in einem kleinen Zimmer befand, das mit Bett, einem Tisch, zwei Türen, – womöglich ein Zugang zu einem Badezimmer? – einem Stuhl, einem vergitterten Fenster und sogar einer kleinen OLED-Wand ausgestattet war. Sie erkannte die Leuchtdiodenwand an der minimal dunkleren Farbe im Gegensatz zu der restlichen Tapete.

Dann fiel ihr Blick wieder auf Natalie. Ihre – offensichtlich ehemalige – Freundin stand mit dem Rücken zu ihr und flüsterte. Mit wem sie auch sprach, sie warf zwischendurch immer wieder einen nervösen Blick auf Zoe, die schwer schluckte und vor Angst, Verwirrung und Zorn mit den Tränen kämpfte.

Schließlich beendete Natalie das Gespräch und wandte sich ihr wieder zu.

Ich bin eingesperrt mit einer Verrückten!

»Meine Liebe«, begann sie. »Ich möchte nicht, dass wir uns streiten.« Sie lächelte und wirkte dadurch nur noch verrückter. Dann pfiff sie einmal laut durch ihre Finger, ein Wachmann öffnete die Tür und trat herein.

Natalie sprach weiter: »Ich werde jetzt deine Füße befreien. Wenn du trittst, wirst du es bereuen. Verstanden?«

Zoe nickte zum Zeichen, dass sie verstanden hatte, und beobachtete angespannt, wie Natalie ihre Fußfesseln löste und sich anschließend zufrieden mit dem Gesicht zu ihr wandte. »Wunderbar. Ich löse jetzt deine Hände und dann sehen wir, ob wir ein vernünftiges Gespräch führen können.«

Sie machte ihr Versprechen tatsächlich wahr und befreite auch Zoes Hände. Sofort setzte Zoe sich auf, rieb sich die schmerzenden Handgelenke und überlegte, was sie jetzt tun sollte. Es lag auf der Hand, dass ihre ehemalige Freundin durchgedreht war und solche Leute sollte man bekanntlich nicht reizen. Also blieb sie einfach sitzen und wartete auf Natalies nächsten Zug, während sie den dunkelhaarigen, finster blickenden Wachmann im Auge behielt.

Natalie strich sich eine ihrer dunklen Locken zurück und setzte sich auf den Stuhl vor dem Bett. Ihre Hand legte sie nachdenklich auf den silbern schimmernden runden Anhänger ihrer Kette um den Hals.

»Viel besser«, sagte sie.

Zoe nickte und rieb sich weiterhin die Hände. »Willst du ... mich jetzt mal aufklären?«

Natalie sprang auf, als hätte sie eine Eingebung. »Vorher muss ich noch eine kleine Sicherheitsmaßnahme durchführen.« Mit einem theatralischen Seufzer ging sie zu dem Wachmann und nahm etwas entgegen. Als sie zurückkam, schwenkte sie etwas silbernes Rundes in der Hand, das wie ein breiter Armreif aussah, und beugte sich zu Zoe hinunter, um ihn an ihrem linken Fußgelenk zu befestigen.

Zoe wehrte sich nicht. Es war aussichtslos. Selbst wenn sie Natalie hätte ausschalten können – dieser Mann war groß und muskelbepackt, und auch mit Schnelligkeit konnte sie aller Wahrscheinlichkeit nach nichts erreichen. Denn wer wusste schon, was außerhalb dieses Zimmers vor sich ging und wie viele Wachmänner dort warteten ... Womöglich würde die Strafe für den Versuch schlimmer ausfallen, als sie sich ausmalen wollte. Außerdem wusste sie nicht, ob sie nach der längeren Zeit, in der sie sich nicht bewegt hatte, überhaupt die Kraft hatte, zu rennen.

»Danke, Schätzchen.«

Der Wachmann entfernte sich nickend und verschwand damit aus Zoes Blickfeld. Das Klicken verriet ihr, dass er sogar den Raum verlassen hatte.

»Was ist das?«, fragte Zoe.

»Was? Ach, das! Wie gesagt, nur eine kleine Sicherheitsmaßnahme.« Sie holte eine Fernbedienung aus ihrer Tasche und drückte einmal auf den Knopf. Sofort schossen Schmerzen wie Tausende von Nadelstichen von ihrem Fußgelenk aus durch ihren ganzen Körper und Zoe blieb die Luft weg.

Sie fiel auf dem Bett zur Seite und krümmte sich. Es tat höllisch weh.

Natalie lachte. »Das war nur eine kleine Demonstration, damit du weißt, dass du lieber entspannt bleiben solltest. Ich habe es dir auch wirklich hübsch einrichten lassen, dein Freund hatte es nicht so schön wie du.«

»Du bist verrückt!«, keuchte Zoe, während der Schmerz langsam nachließ.

»Genial, wolltest du wohl sagen«, brachte Natalie kichernd heraus und spielte mit bedrohlicher Genüsslichkeit mit der Fernbedienung in ihren Händen herum. »Jetzt will ich dich aber nicht länger auf die Folter spannen. Machen wir es kurz: Ich leite diese wunderbare Institution von jetzt an. Und da ich Neuroinformatik studiert habe wie du, entwickle ich dein Programm angemessen weiter. Eine wirklich herausragende Idee hattet du und mein Vater da! Aber meine Erweiterungen werden dich umhauen, meine Liebe.«

∞

Zoe, Diakonie Himmelspforte, 2075

Diese Irre hatte ihr doch tatsächlich eröffnet, dass sie Charlie getötet und Marvin gefangen genommen hatte. Die arme Charlie! Zoe hatte sie zwar nur kurz kennengelernt, aber sie war eine starke Persönlichkeit gewesen. Zoe schluckte die Trauer herunter, die ihr daraufhin wie ein schwerer Stein im Magen lag.

Und als wäre das alles nicht genug, hatte Natalie irgendwelche Pläne mit ihr, die sie ihr bisher nicht verraten wollte. Zumindest hatte sie nichts Detailliertes erwähnt.

Natalie behandelte Zoe verhältnismäßig gut, während sie von ihrer ehemaligen Freundin, wenn sie denn jemals eine gewesen war, wusste, dass Marvin sein Dasein in einer Zelle fristete, bis er gebraucht wurde.

Sie selbst hatte ein kleines Zimmer mit OLED-Wand zum Fernsehen und eigener Toilette sowie Dusche. Es wurden keinerlei Better-Life-Werbespots mehr gezeigt. So als hätte es das Unternehmen nie gegeben. Wie war das möglich? Wurde auf irgendeine Art und Weise gefiltert, was sie sehen durfte und was nicht? Aber das ergab keinen Sinn, denn … Zoe sog mitten in diesem Gedanken scharf die Luft ein und stürzte zu Boden, als die Schmerzen von ihrem linken Fuß aus durch ihren Körper schossen. Natalie hatte es wieder getan. Einfach so. Immer, wenn ihr danach war, verpasste sie Zoe einen heftigen Schlag. Mal länger, mal kürzer. Mal weniger schmerzhaft, mal mehr. Obwohl Zoe wusste, dass es nichts half, presste sie, noch immer am Boden liegend, mit beiden Händen gegen ihr schmerzendes Bein.

Wie sie diese Hilflosigkeit hasste! Langsam ließ der Schmerz nach und Zoe zog sich erschöpft am Bett hoch, robbte ein Stück vor, bis sie ganz darauf lag, und dämmerte vor sich hin.

Eine längere Weile verharrte sie liegend. Sie dachte über alles Mögliche nach. Über Marvin, über Charlie und … über Paul. Bis sie merkte, dass jemand bei ihr stand und ihr beruhigend die Hand auf die Stirn legte, war vermutlich eine kleine Ewigkeit vergangen.

»Schht«, machte die Pflegerin. »Alles wird gut.«

Ob sie wusste, dass Zoe wach war? Blinzelnd öffnete Zoe die Augen und erkannte die netteste Pflegerin, die sie hier bisher angetroffen hatte. Marion war ihr Name, Marion Geier. Ihr dunkles gewelltes Haar fiel ihr über die Schultern und sie lächelte. »Geht es wieder?«

»Ja«, brachte Zoe heiser hervor. »Kein Problem.«

»Ihre Stimme spricht eine andere Sprache.«

Zoe wollte eine wegwerfende Handbewegung machen, sah dabei aber vermutlich aus, als leide sie an Bewegungsstörungen.

Stirnrunzelnd betrachtete die Pflegerin Zoe, die sich regelrecht ertappt fühlte. Dann drückte sie sie zurück in das Kissen und sagte: »Sie ruhen sich jetzt mal aus. Ich bringe Ihnen nachher etwas zu essen und was zur Stärkung.«

Zoe nickte dankbar und vernahm nur noch ein leises Klappern und Klicken, das sie nicht zuordnen konnte, ehe sie in einen tiefen Schlaf fiel.

∞

»Dumdidummdidummmmm …«

Zoe schreckte hoch. Hörte sie jetzt schon Stimmen?

»Nein, nein, nein – liebe Frau Lüdemann, das geht so nicht! Dafür muss ich Ihnen eine schlechte Benotung geben.«

Moment. Die Stimme kannte sie doch.

»Hmhmm, dumdidumm …«

Professor Jacobs!

Sie öffnete die Augen und stieg aus dem Bett. Nach einem suchenden Blick fiel ihr ein, dass sie jederzeit beobachtet werden konnte, und ermahnte sich, vorsichtig zu sein. Sie stellte sich ans Fenster und lauschte dem wirren Summen, dass aus der Richtung der Wand rechts von ihr kam. Sie riskierte einen vorsichtigen Blick und entdeckte ein winziges Gitter, das in die Wand eingelassen war. Es war ihr vorher nie aufgefallen.

»Jacobs?«, fragte sie leise, ohne die Lippen zu bewegen.

»Wie kann ich Ihnen helfen?«, ertönte sofort die Antwort.

»Sie sind es wirklich!« Zoe unterdrückte die Tränen der Freude und der Erleichterung. Endlich eine bekannte Stimme! Jemand, der ihr wohlgesonnen war.

»Natürlich, wen haben Sie denn erwartet? Wie war Ihr Name doch gleich?« Jacobs war, wie schon letztes Mal, hörbar verwirrt und irritiert. Sie wusste es selbst, sie hatte mit eigenen Augen gesehen, was sie mit ihm angestellt hatten.

Zoe, Better Life, 2073

Seit Tagen hatte sie ein mulmiges Gefühl. Seit sie Grewe bei einem Gespräch belauscht hatte, das eindeutig nicht für ihre Ohren bestimmt gewesen war. Er hatte gesagt, das Projekt auf der dritten Etage sei zum Scheitern verurteilt, wenn sie nicht langsam Ergebnisse erzielen würden. Bisher hatte Zoe gedacht, es handele sich bei Etage Drei um nichts Wichtiges. Vielleicht ein Archiv, ein Lager, irgendwas. Jedenfalls nichts von Bedeutung. Und nun das. Ein Projekt, das zum Scheitern verurteilt war? Ihre Neugier und dieses kleine Stimmchen in ihrem Kopf, das ihr sagte, es wäre besser, dort nachzusehen, brachten sie fast um.

An diesem Abend wartete sie, bis Grewe das Gebäude verließ. Dann schnappte sie sich einige Utensilien, hackte kurz entschlossen den Zugang zu Grewes Büro und, als wenn das nicht genug gewesen wäre, den Zugang zu seinem RD, auf dem sich die Zugangsschlüsselnummern für Etage Drei befanden. Ein Ordner mit dem Namen WP-alpha 1.3 weckte ihre Aufmerksamkeit. Kurz überlegte sie, ob sie ihn öffnen sollte, entschied sich aber dagegen, als sie ein Geräusch hörte und hochschreckte. Wenn man sie hier erwischen würde, wäre das fatal – und peinlich. Schnell kopierte sie die Zugangscodes auf ihr eigenes RD, achtete darauf, keine Spuren zu hinterlassen, und huschte aus Grewes Büro.

Sie stellte sich in den Fahrstuhl und aktivierte die gestohlenen Codes. Damit würde sie Zugang zu Etage Drei erhalten. Ihr Herz schlug schneller, als der Fahrstuhl sich in Gang setzte.

Es war ein Spiel mit dem Feuer, vielleicht auch naiv, aber sie wusste aus irgendeinem Grund, dass sie es tun musste. Dass sie mit eigenen Augen sehen musste, was dort vor sich ging.

Ding.

Die Fahrstuhltür öffnete sich. Zoe fühlte sich seltsam mulmig, als sie auf den Flur hinaustrat, der genauso technisch und kalt wie die auf den anderen Etagen aussah. Sie lauschte einen Moment und stellte fest, dass nichts zu hören war. Die erste Tür, die sich anbot, steuerte sie an: die Tür direkt gegenüber des Fahrstuhls. Mit Grewes Zugangscode ließ sie sich problemlos öffnen. Zoes Schultern spannten sich an und ... zum Vorschein kam eine Besenkammer. Zoes Schultern senkten sich enttäuscht. Innerlich grummelnd schloss sie wieder ab und wandte sich der nächsten Tür zu. Nach einem Klicken glitt sie auf und diesmal spürte sie ein Kribbeln, dass sich von ihrer Kopfhaut bis zu ihren Zehen ausbreitete. Vor ihr lag ein Raum, der wie einer der Testräume aussah, in denen sie den freiwilligen Probanden traumatische Erinnerungen genommen hatte. Er war nur sehr viel größer und noch besser ausgestattet. Ganz hinten befand sich ein Sichtfenster zu einem anderen Raum, und als Zoe zwei Gestalten erkannte, die dahinter hin und her liefen, erschrak sie und presste sich flach an die Wand. Die beiden Silhouetten verschwanden wieder aus ihrem Blickfeld, sodass sie zum Sichtfenster hasten und sich mit klopfendem Herzen darunter ducken konnte. Wenn sie vorsichtig sein würde, konnte sie versuchen, einen Blick zu erhaschen.

Langsam drückte sie die Beine durch, bis sie mit den Augen über den Rand des Sichtfensters lugen konnte. Beinahe wäre sie direkt wieder eingeknickt. In dem Raum befand sich ihr ehemaliger Lieblingsprofessor, Dr. Jacobs.

Er lag auf einer der Löschliegen, die es auch in den unteren Etagen gab und die eine leicht abgeänderte Version der typischen OP- und Behandlungstische darstellte. Sein Kopf ruhte auf der halbmondförmigen Kopfstütze und er hielt die Augen geschlossen. Bei den beiden Silhouetten handelte es sich um zwei Männer in weißen Kitteln, die geschäftig um Professor Jacobs herumwuselten und irgendetwas vorbereiteten. Was veranstalteten sie mit ihm? Weder war er im Krieg gewesen noch konnte sie sich vorstellen, dass er sich freiwillig der Prozedur einer Erinnerungslöschung unterzogen hätte. Der alte Kauz hatte sich nicht einmal die Augen korrigieren lassen, sondern trug lieber seine altmodische Brille. Und das, obwohl die nicht mehr so leicht zu beschaffen waren wie früher. Sie hatte das immer als seltsame Verhaltensweise für einen Neuroinformatikprofessor empfunden, es aber als Eigenart hingenommen. Sie fuhren die Liege unter die gläserne Überdachung, an der eine Menge Materialien befestigt waren, zum Beispiel Skalpelle, Spritzen, die von außen befüllbar waren und dann selbstständig ihren Weg finden würden, um an der richtigen Stelle des Körpers ein Medikament zuzuführen. Auf der gläsernen Fläche befand sich ein Bedienfeld für den zuständigen Arzt oder Pfleger. Der rechte Mann drehte sich ein Stück zur Seite und tippte etwas ein.

Wollten sie Dr. Jacobs Erinnerungen löschen? Aber warum? Ihr Herz raste noch schneller. Er war doch sicher nicht freiwillig hier!

Was taten diese Leute hier oben?

Hinter ihr flog die Tür auf und sie sog scharf die Luft ein.

»Dr. Zoe Fink. Was tun Sie hier?«

Grewe.

Zoe erschrak kurz, doch dann überwog die Empörung. Sie stemmte eine Hand in die Hüfte und deutete mit der anderen auf das Sichtfenster. »Was, in Gottes Namen, tun Sie da?«

Grewe wedelte mit der Hand, woraufhin zwei Wachmänner den Raum betraten und sich Zoe näherten.

»Hey, was soll das? Ich verlange zu erfahren, was Sie da mit meinem ehemaligen ...«

»Dr. Fink. Es scheint sich hier um ein Missverständnis zu handeln. Leider muss ich feststellen, dass es sich bei Ihrem Verhalten wiederum um kein Missverständnis handeln kann, da Sie diese Räumlichkeiten entgegen Ihrer Befugnis betreten haben. Ich fordere Sie auf, nun mit mir zu kommen und diese Etage zu verlassen«, redete Grewe auf sie ein. »Danach klären wir, wie es weitergeht.«

Zoe verzog die Lippen zu einem schmalen Strich. Etwas stimmte hier ganz und gar nicht. Aber ihr blieb keine Wahl, als Grewe in den Fahrstuhl und anschließend in sein Büro zu begleiten.

Zoe, Diakonie Himmelspforte, 2075

»Dumdidumm ... Dadadaaa.«

»O Jacobs ...«, seufzte Zoe. »Was haben sie Ihnen angetan?«

»Zoe?« Eine dritte Stimme drang aus dem Lüftungsgitter.

Scheiße. Jemand wird den Zugang verschließen, dachte Zoe. *Jemand hat mitbekommen, dass ich mit Professor Jacobs rede.*

Sie antwortete nicht.

Noch einmal ertönte die Stimme: »Zoe?«

Und langsam dämmerte es ihr. Diese Stimme kam ihr bekannt vor – aber das konnte doch nicht sein!

Kapitel 6

Marvin, Diakonie Himmelspforte, 2075

Marvin wusste nicht mehr, wie er in das Zimmer gekommen war. Seine letzte Erinnerung war die an Natalie. An das Monstrum von Frau, das ihm eröffnet hatte, dass sie Charlie kaltblütig ermordet hatte. Danach hatte er ein seltsames Gefühl gehabt. So, als würde er einen Schritt rückwärts machen, oder als würde alle Kraft aus ihm weichen und er in einem tiefen Schlaf versinken. War er in Ohnmacht gefallen? Oder hatte Paul … konnte es sein, dass Paul den Körper übernommen hatte? Erst erschrak er kurz, doch dann stellte er fest, dass es ihm sogar recht war.

Der Gedanke an Charlie fühlte sich für Marvin an, als würde es ihn innerlich zerreißen. Schmerz, er bestand nur noch aus Schmerz. Und beinahe fühlte er so etwas wie Dankbarkeit, als er merkte, dass seine Kraft wich und er wieder einen Schritt zurücktreten konnte.

Paul, Diakonie Himmelspforte, 2075

Paul wusste nur eines: Er kannte die Stimmen, die er hörte. Oder er wurde verrückt. Falls er nicht gerade völlig den Verstand verlor, gab es zumindest die Chance, mit Zoe zu sprechen.

»Zoe?«

Keine Antwort.

»Zoe? Bist du da?«

»Dumdidumdidum …«

Die zweite Stimme kannte er nicht. Es war eine männliche Stimme, die in einen irren Singsang verfallen war. Zwischendurch fragte sie Dinge wie: »Wollen Sie Ihre Arbeit abgeben?«, oder: »Also nein, so geht es nicht! Das kann ich nicht gut benoten!«

Was sollte das? Hatten diese Verrückten hier etwas eingebaut, dass Stimmen vortäuschte, um ihn zu verwirren? Oder um zu sehen, ob er noch Herr seiner Sinne war?

Stirnrunzelnd ging er zur Tür und rüttelte daran. Sie war verschlossen. Natürlich.

Er ging ans andere Ende des Zimmers, dorthin, wo der Stuhl stand, setzte sich und stützte die Ellenbogen auf dem Tisch und seinen Kopf auf den Händen ab. Was nun? Natalie verlangte, dass er sich irgendwie unter diese Aktivisten von FreeMinds mischte und ihr Bericht erstattete. Als Allererstes natürlich, von wo aus FreeMinds agierte. Vermutlich, damit sie später einen Angriff starten konnte. Und dann wollte sie natürlich in Erfahrung bringen, was die Aktivisten planten, was genau sie über Better Life wussten und wie sie vorgehen wollten.

»Marvin?« Da war sie wieder – Zoes Stimme!

Er ruckte hoch. »Zoe? Ich bin es!« Er würde sich nicht als Paul zu erkennen geben, weil er vermutete, dass sie belauscht wurden.

»Marvin, bist du es wirklich? Wo steckst du? Was ist los?«

Endlich erkannte er, woher die Stimmen kamen. Sie drangen aus einer kleinen Öffnung für die Lüftung, die kaum sichtbar war. Nur wenn man ganz genau darauf achtete.

Die männliche Stimme polterte: »Ich muss doch sehr bitten, in meinem Unterricht wird nicht geredet, sonst schicke ich Sie vor die Tür! Dann können Sie zusehen, wie Sie sich Ihr Material für die nächste Prüfung selbst erarbeiten!«

»Wer plappert denn da immer dazwischen?«, fragte Paul.

»Das ist Professor Jacobs und …«

»Ja?«, sagte der Professor, der zumindest seinen eigenen Namen noch erkannte.

»… er ist hier auch irgendwo. Und – entschuldigen Sie, Jacobs – er ist nach wie vor dement. Weißt du, wo du dich befindest, Marvin? Geht es dir gut?«

»Dement?«, echote Jacobs. »Das ist ja furchtbar!«

»Na ja. Mir geht es den Umständen entsprechend gut. Ich … Ich muss dir etwas sagen. Natalie behauptet, Charlie ist tot.«

Eine Sekunde herrschte Stille, bevor Zoe erwiderte: »Ich habe es schon gehört … Marvin, es tut mir so leid.«

Paul wusste nicht, was er antworten sollte. Er hatte diese Charlie nur sehr kurz erlebt. In dem Moment bei Better Life, in dem Zoe beinahe von einem Wachmann vergewaltigt worden wäre. Aufgrund dieser Tatsache hatte er keine Zeit damit verschwendet, überhaupt mit Marvins Freundin zu reden. Er war losgerannt und hatte Zoe gesucht, um ihr zu helfen.

»Ja. Ich wünschte, es wäre anders gelaufen«, seufzte er. »Was ist mit dir? Geht es dir so weit gut? Du weißt schon, wie ich es meine …«

Ein kurzes Zögern folgte. Dann: »Ja, es geht. Denkst du, sie hören mit?«

Er musste nicht lange über die Antwort nachdenken. »Ja.«

Als er das Geräusch einer sich öffnenden Tür und zusätzlich Schritte hörte, die sich näherten, drehte er sich hastig um. Doch da war niemand. Damit blieb nur der Umkehrschluss: Die Schritte mussten sich Zoe oder diesem Jacobs nähern.

∞

Zoe, Diakonie Himmelspforte, 2075

»Zoe, Zoe, Zoe … redest du schon mit dir selbst, meine Liebe? Das brauchst du doch nicht!« Natalie, die gerade mit einem Tablett in der Hand hereinspazierte, kicherte. Zoe versuchte hingegen, sich nicht anmerken zu lassen, wie sehr der Hass in ihr auflöderte.

Ihr Herz klopfte wie wild in ihrer Brust. Hoffentlich sagte Marvin nichts – oder Jacobs! Sie ging einen Schritt rückwärts, so als wolle sie Natalie Platz auf dem Stuhl machen, und lehnte sich an die Wand gegen die kleine Öffnung, aus der die Stimmen gekommen waren. Vielleicht konnte sie eventuelle Geräusche so ein wenig dämpfen.

»Was soll ich sonst tun?«, antwortete sie so lässig wie möglich.

Natalie stellte das Tablett auf dem Tisch ab und setzte sich. Die Beine übereinanderschlagend winkte sie ab, um anzudeuten, dass sie über das Thema nicht mehr sprechen wollte. »Wie dem auch sei. Ich habe dir etwas mitgebracht. Setz dich doch.« Sie deutete freundlich auf das Bett, was Zoe nur umso misstrauischer machte.

»Nein, danke. Ich stehe lieber. Ich kann nicht den ganzen Tag herumsitzen oder herumliegen.«

Achselzuckend nahm Natalie es hin. »Gut, dann iss eben im Stehen.«

Stirnrunzelnd warf Zoe einen Blick auf das Tablett. Erst jetzt nahm sie vage den Duft von Fleisch und Bratensoße wahr. Das schien ein besonders gutes Essenspaket zu sein. Sie musste spontan daran denken, wie gern Paul Steak aß. Wie sie in dem Restaurant gewesen waren … Aber Paul war nicht mehr da. Jedenfalls nicht wirklich.

Eingesperrt wie ein Tier … nur, dass Marvins Körper der Käfig ist.

»Ich habe keinen Hunger«, entgegnete sie, obwohl ihr das Wasser im Mund zusammenlief.

Natalie verzog ihre Lippen zu einem Schmollmund. »Ach, komm schon. Du musst doch bei Kräften bleiben, Schätzchen.«

Sie spielte nachdenklich an dem Anhänger herum, der an einer Kette um ihren Hals hing. Es handelte sich um eine schlichte Silberkette, der Anhänger war rund und silberfarben.

»Nein«, antwortete Zoe und drückte sich fester gegen die Lüftungsschlitze. Sie musste Natalie dazu bringen, wieder zu gehen.

»Sagen wir es mal so …«, sagte Natalie und öffnete ihr eigenes Essenspaket, denn sie hatte zwei mitgebracht. »Entweder du isst freiwillig mit mir oder ich helfe nach. Und das wäre doch sehr schade, hm?«

Zoe wusste genau, wovon ihre ehemalige Freundin sprach. Von dem Stromschlag, den sie ihr verpassen würde. Sollte Natalie ihre Drohung umsetzen, was ihr durchaus zuzutrauen war, würde Zoe zusammenbrechen, somit den Lüftungsschacht freigeben und sowieso keine Geräusche mehr dämpfen können. Also entfernte sie sich widerwillig von der Wand und setzte sich auf den Stuhl gegenüber Natalie.

Natalie sah fast fürsorglich aus, fast wie ihre frühere Freundin, als sie ihr das Essenspaket reichte und sagte: »Lass es dir schmecken, Liebes.«

Ob es ihr nun gefiel oder nicht – sie hatte Hunger. Sie löste die Gabel und das Messer von der Seite des Paketes und öffnete es. Ihr war kalt und sie hätte sich nur zu gern die Hände gewärmt. Die einzige Möglichkeit dazu wäre gewesen, die Hände über das dampfende Essen zu halten, da die Pakete aufgrund ihrer speziellen Beschichtung von außen kalt blieben. Diese Blöße würde sie sich keinesfalls geben, lieber fror sie weiter.

Der intensive Duft des Essens stieg ihr in die Nase. Widerwillig spießte sie den ersten Happen auf und schob ihn in den Mund. Ein Seitenblick verriet ihr, dass Natalie lächelte und es sich ebenfalls schmecken ließ.

Es musste sich um ein besonderes Essenspaket handeln – es roch und schmeckte viel intensiver und frischer als sonst. Wie gern hätte Zoe es mit Paul gegessen. An einem anderen Ort, unter anderen Umständen und zu einer anderen Zeit …

»Hmhmhmmmm …«

Natalie runzelte die Stirn und Zoe verschluckte sich fast. Jacobs, ausgerechnet jetzt! Ängstlich blickte sie zu Natalie, die das Summen offensichtlich gehört hatte, aber nicht weiter darauf reagierte. Warum? Warum reagierte sie nicht?

Wahrscheinlich sollte ich erleichtert sein, dachte Zoe. Sie aß weiter und versuchte weiterhin, sich nichts anmerken zu lassen. Dennoch fand sie die Nicht-Reaktion ihrer ehemaligen Freundin seltsam.

»Was hältst du davon, wenn ich dir nachher eine Pediküre und Maniküre zukommen lasse?«

Zoe riss die Augen auf. »Wie bitte?«

Natalie rollte mit den Augen. »Hat die Löschung dein Hirn doch geschädigt? Ma-ni-kü-re. Pe-di-kü-re ...«

Zoe kam gar nicht dazu, wütend etwas zu erwidern, denn Jacobs Stimme dröhnte durch den Schacht: »Also hören Sie mal, ich bin ein waschechter Kerl, ich habe keine Maniküre nötig!«

Kapitel 7

Marvin, Diakonie Himmelspforte, 2075

»Es geht los. Kommen Sie.« Der Wachmann, der soeben in Marvins Zimmer getrampelt war, sah nicht so aus, als würde er Widerworte dulden. Marvin wusste ohnehin nicht, was jetzt *losgehen* sollte. Wollten die ihn wieder löschen? Ein Schweißtropfen bildete sich auf seiner Stirn und er wischte ihn schnell mit dem Ärmel weg.

»Los, los, ich hab nicht den ganzen Tag Zeit!«, brummte der ihm unbekannte Mann und öffnete die Tür ein Stück weiter.

»Was haben Sie vor?«, fragte Marvin und blieb dabei weiterhin wie angewurzelt stehen.

»Woher soll ich wissen, was Sie mit Frau Scholz besprochen haben? Ich habe nur einen Auftrag: Sie dort hinzubringen. Also, kommen Sie freiwillig oder muss ich Sie zwingen?«

Zögernd und langsam ging Marvin Schritt für Schritt vorwärts, bis der ungeduldige Wachmann ihn schnaufend am Arm packte und vor sich herschob.

»Sie tun mir weh!«, jammerte Marvin.

»Ich habe Sie gewarnt«, zischte der Fremde in seinen Bart und zerrte ihn weiter, vorbei an mehreren Türen, mitten durch den typischen Altenheimgeruch – einer Mischung aus Urin, Desinfektionsmitteln und aufgewärmtem Essen. Vorbei an hässlichen, altmodischen Gemälden und hinein in einen Raum, in dem zwei der verhassten Pfleger auf ihn warteten.

Der Mann von der Security schubste ihn erneut, diesmal in Richtung der Untersuchungsliege, neben der die Pfleger mit kaltem Blick warteten.

Plötzlich fühlte er sich seltsam ruhig. Als könnte ihm nichts und niemand etwas anhaben. Was hatten sie vor? Ihn löschen? *Im Moment wäre mir das sogar ganz lieb,* dachte Marvin. *Ohne Charlie ist das Leben nicht lebenswert …*

»Hinlegen«, befahl der eine der Pfleger.

Marvin parierte. Mit jeder Minute, jeder Sekunde, die verstrich, wurde ihm klarer, dass es ihm egal war, was mit ihm geschah. Er legte sich bereitwillig auf die Liege und positionierte seinen Kopf in der halbmondförmigen Erhebung. Marvin spürte, wie die Liege langsam in die Röhre fuhr, und ließ seinen Blick über das Glas und die medizinischen Geräte über sich wandern. Darüber sah er die ernsten Blicke der Pfleger.

»Werden Sie mich löschen?«, fragte er den von ihm aus rechten, der gerade etwas auf dem Display des Glases eingab.

Für den Bruchteil einer Sekunde sah er Marvin irritiert an, dann folgte sein Blick wieder den Daten vor ihm. »Löschen?«, fragte er. »Nein. Wir bereiten Sie für Ihre Mission vor, wie mit Frau Scholz abgesprochen.«

Mission? Was für eine Mission?

Kurz nachdem er sich diese Frage gestellt hatte, wurde es ihm endlich klar.

Paul.

Dieser Paul hatte etwas mit Natalie geplant! Und *natürlich* würden sie ihn jetzt löschen, auch wenn der Typ etwas anderes behauptete. Paul war Agent von Better Life und viel nützlicher für Natalie als er. Oder … Oder sie dachten, es handelte sich bei ihm um Paul und machten nur einen letzten Check oder verpassten ihm einen neuen Chip. Das hätte erklärt, warum der Pfleger so irritiert wirkte.

Wäre die Kopfstütze nicht im Weg gewesen, hätte Marvin mit den Schultern gezuckt. Ja, Zoe tat ihm schrecklich leid, ihr würde er gerne helfen. Aber er konnte einfach nicht, nicht ohne Charlie. Und er wusste nicht, wie er Zoe hätte warnen können, falls sie noch lebte. Irgendwas in ihm löste das Gefühl aus, dass sie ganz in der Nähe war. Doch nicht einmal das gab ihm Kraft. Jedenfalls nicht genug, als dass er dageblieben wäre. Er hatte die Hoffnung, dass Paul zurückkommen würde. Vielleicht, wenn er wieder einen Schritt rückwärts machte …

Paul, Diakonie Himmelspforte, 2075

Paul öffnete die Augen, schnappte nach Luft und versuchte sich zu orientieren. Es hatte sich angefühlt, als wäre er mit dreihundert Sachen nach vorne katapultiert worden. Marvin musste zwischenzeitlich übernommen haben.

Paul lag in einer Untersuchungsröhre und ein Pfleger machte sich am Display zu schaffen. Kurz darauf spürte er ein kurzes Stechen am Handgelenk. Vermutlich hatten sie ihm gerade einen neuen Chip eingesetzt. Dann wurde er auch schon aus der Röhre gefahren.

»Die Sachen, die Sie noch benötigen, bekommen Sie dann von Frau Scholz, Herr Lenzen«, sagte der Mann zu seiner Linken. Paul nickte und erhob sich, während sich zeitgleich ein

Wachmann von der Wand löste und auf ihn zukam. Er wollte Paul am Arm packen, doch Paul winkte ab. »Ich komme schon freiwillig mit, keine Sorge.«

Stirnrunzelnd nickte der Wachmann. »In Ordnung. Vorausgesetzt, Sie laufen zügiger als vorhin.«

Aha. Also war Marvin, von dem er jetzt sicher wusste, dass er die Zeit während seines Blackouts übernommen hatte, nicht sehr kooperativ gewesen. Das war verständlich, wenn auch ungünstig in diesem Fall. Gemeinsam mit dem Wachmann verließ Paul den Untersuchungsraum und ließ sich von ihm antreiben.

»Nach rechts«, befahl der Wachmann und drängelte ihn ungeduldig bis zum Ende des Ganges, obwohl Paul schon von sich aus schnellen Schrittes lief. *Nicht die Geduld verlieren*, sagte er sich. *Du bist Marvin.*

Am Ziel angekommen, schnaufte der Securitymitarbeiter und Paul stellte fest, dass dessen Atem nach Alkohol roch. *Widerlich ...*

Nach einem kurzen Scan traten sie in Natalies Büro ein.

Sie stand am Fenster und telefonierte. Als sie die Ankömmlinge hörte, beendete sie ihr Gespräch und drehte sich herum. »Da bist du ja«, sagte sie lächelnd und bot ihm einen Platz an.

Er setzte sich auf den Wildledersessel und wollte gerade ein Bein lässig über das andere legen – da entsann er sich wieder, dass er Marvin darstellen musste. Warum fiel es ihm so verdammt schwer, sich zu konzentrieren? Schnell unterdrückte er den Impuls und benahm sich etwas schüchterner, denn so schätzte er Marvin ein.

Natalie setzte sich ebenfalls und betrachtete Paul einmal von oben bis unten, ehe sie nickte. »Ich kann schon verstehen, was

Zoe an dir findet. Wer weiß, vielleicht bekommt sie ja die Möglichkeit, es dir selbst zu sagen.«

Paul zwang sich zu einem neutralen Gesichtsausdruck, obwohl er alle Kraft dafür aufbrauchte, Natalie nicht direkt in ihr puppenartiges Gesicht zu schlagen. Gleichzeitig spürte er, wie er sich freute – weil Zoe ihn mochte. Sofern das überhaupt stimmte, was Natalie sagte …

Aus der Schublade ihres Schreibtisches zog Natalie eine kleine Metallbox hervor und öffnete sie. Sie nahm ein Armband heraus, das wie die üblichen Gesundheitsarmbänder, kurz GABs, aussah. Ein auf verschiedene Größen einstellbarer silberner Armreif, wenn man so wollte.

»Wie du sicher weißt, ist nicht nur deine kleine Zoe Neuroinformatikerin – ich bin es auch. Und dieses Armband ist meine ganz persönliche Weiterentwicklung der üblichen GABs«, sagte sie und ließ es in ihrer Hand hin und her schwingen. »Eigens für meine Agenten hergestellt. Es misst deine Vitalfunktionen, ortet dich mit Google ID, du kannst darüber per Holly mit uns kommunizieren – alles wie gehabt. Aber als kleines Extra können wir dich, solltest du uns doch gefährlich werden, per Knopfdruck ausschalten. Und damit meine ich gänzlich ausschalten. Dann wirst du sterben.«

Paul überlegte. Konnte das sein?

»Wie soll das möglich sein?«, fragte er. »Mit einem Stromschlag?«

»Ach, Schätzchen. Bevor dir dein neuer ID-Chip gegeben wurde, gab es während eines kleinen Nickerchens deinerseits noch ein kleines Extra in deinem Hirn, das an dieses GAB und somit an Better Life gekoppelt ist. Fakt ist: Solltest du etwas tun, mit dem ich nicht einverstanden bin, wirst du sterben. Und solltest du dir selbst egal sein oder dich opfern wollen, denke daran, dass deine kleine Zoe ebenfalls sterben wird.«

Um ihre Macht zu demonstrieren, schaltete sie die OLED-Wand ein, die Zoe in ihrem Zimmer zeigte, und verpasste ihr erneut einen heftigen Stromschlag. Zoe sackte zusammen und krümmte sich.

»Stopp!«, rief Paul. »Ich habe es verstanden.«

Er nahm das Armband der lächelnden Irren entgegen und legte es an. Es pikte kurz, als es sich mit dem ID-Chip verband. Normalerweise taten die GABs das nicht. Vielleicht hing es mit dem Chip in seinem Gehirn zusammen, den Natalie erwähnt hatte.

»Sehr schön«, sagte sie und faltete ihre Hände zufrieden unter dem Kinn. »Ich erwarte einmal täglich eine Meldung über den aktuellen Stand der Dinge. Um acht. Solltest du auch nur eine Meldung verpassen, töte ich dich und Zoe.«

»Verstanden«, antwortete Paul mürrisch. »Sonst noch was?«

»Nein. Du weißt, was du zu tun hast. Bring mir Informationen, sodass ich FreeMinds vernichten kann.«

Von mehreren Securitymännern eskortiert, verließ er mit der FreeMinds-Akte das Gebäude. Seine unfreiwillige Begleitung verschwand sofort wieder und er war endlich allein. Gierig sog er die frische Luft ein, die er so lange nicht mehr geatmet hatte, und ließ seinen Blick schweifen. Hinter ihm befand sich die verhasste Diakonie, die offensichtlich als neue Zentrale für Better Life diente, vor ihm schwebten Magnetautos vorbei. Dass dieser ruhige Moment trügerisch war, war ihm klar. Dennoch genoss er das aufkeimende Gefühl von Freiheit und bewegte sich in Richtung der nächsten Straßenecke, an der sein neuer Wagen stehen sollte. Kurz vermisste er Stella, sein vorheriges Gefährt – auch wenn er wusste, wie lächerlich es war, ein Auto zu vermissen. Vor allem in dieser Situation.

Er bog in die nächste Straße ein und drückte auf das GAB, das so viel mehr war als nur das, und sofort entriegelte sich ein kleines Auto. Es war ein kompaktes, aber dennoch luxuriöses Modell. Klein und mit nur einer Tür. Und direkt neben dieser Autotür stand jemand und drehte ihm den Rücken zu. Während er sich näherte, sagte er: »Entschuldigung. Dürfte ich mal zu meinem Wagen?«

Die Person drehte sich um und Paul erkannte sie augenblicklich. Marion Geier, die Pflegerin. Er hielt die Akte fester umklammert und sah die junge Frau verwundert an. Sie lächelte und sagte: »Ein Glück, Herr Lenzen! Ich habe auf Sie gewartet. Steigen Sie ein, damit wir losfahren können. Wir haben nicht viel Zeit. Natalie schickt mich mit weiteren Informationen für Ihren Auftrag.«

Ehe er etwas erwidern konnte, nahm sie seinen Arm, drückte forsch auf sein GAB, stieg in das Auto und deutete ungeduldig auf den Platz neben sich.

Verdattert blieb er davor stehen. Für wie behämmert hielt diese Frau ihn eigentlich? Skeptisch fragte er: »Wohin sollen wir denn fahren? Ich habe schon alle Informationen bekommen, die ich benötige.«

»Das bezweifle ich.« Marion seufzte und robbte weiter vor, um wieder aus dem Auto zu steigen. »Ich hatte gehofft, wir könnten es anders lösen.«

»Was anders lö…«

Er konnte nicht mehr weitersprechen, denn Marion hatte ihm in einer blitzartigen Bewegung etwas ins Gesicht gesprüht, das ihn in einen tiefen Schlaf sinken ließ.

Kapitel 8

Charlie, Bunker FreeMinds, 2075

»Wir müssen klären, wo wir alle stehen?«, fragte Charlie. »Ich weiß doch nicht mal, wer ihr seid, wo ich bin oder was ihr von mir wollt!«

Cordula wollte einen Schritt näher kommen, doch Tristan bedeutete der blonden Frau mit einer Handbewegung, stehen zu bleiben. »Wir machen es so: Ich erzähle dir zuerst von mir und dann entscheidest du, was du erzählen willst. Okay?« Er setzte sich neben Charlie, die schnell ein Stück beiseite rutschte, und blickte zu Cordula. »Lässt du uns einen Moment allein?«

Sie nickte zögernd und verließ widerwillig den Raum.

Tristan begann zu erzählen.

Tristan, Spendengala für Soldaten und Veteranen, SuV e.V., 2066

»Der Parteivorsitzende der NWP, richtig? Freut mich, Sie kennenzulernen. Ich bin Carlos Grewe«, sagte der Mann und reichte Tristans Vater die Hand.

»Freut mich ebenfalls. Darf ich vorstellen? Mein Sohn Tristan.« Das Oberhaupt der Neue Welt Partei, Lars Römer, deutete auf seinen Sohn.

Tristan hielt Grewe gehorsam seine Hand hin und nickte zusätzlich begrüßend.

»Sie haben einen sehr guten Geschmack«, sagte Grewe und lächelte Tristan anerkennend zu.

Mir bleibt nicht viel anderes übrig, dachte Tristan. Sonst zog er nie Anzug und Krawatte an – nur, wenn er musste. So wie heute. Dennoch sagte er: »Vielen Dank, das kann ich nur ehrlich zurückgeben.«

Obwohl er gern rebellierte und den Zeitpunkt, an dem er sich endlich aus dem Anzug schälen konnte, herbeisehnte, tat er heute das, was von ihm verlangt wurde. Sein Vater hatte ihm einen neuen und gut bezahlten Job in Aussicht gestellt: Er würde sein persönlicher Assistent werden. Erst hatte er nicht gewollt, aber als er die Summe gehört hatte, die sein Vater ihm zahlen würde, hatte er doch zugesagt. Tristan war nicht geldgierig, aber er würde mit dem Geld viel erreichen können. Und später würde er unabhängig sein.

Dann wollte er Tieren und Menschen helfen, zum Teil wiedergutmachen, was sein strenger Vater in der Politik verbockte. Aber nicht nur mit einer lächerlichen Spende, sondern mit wirklichem Engagement.

Ein Bediensteter lief mit einem Tablett voller Sektgläser an ihnen vorbei. Lars Römer griff beherzt zu. Er reichte Grewe lächelnd ein Glas und nahm zwei weitere, eines für sich und eines für Tristan.

Tristan nahm es dankbar entgegen und kippte es in einem Zug hinunter. So würde der Abend erträglicher sein. Er hasste Spendengalas, hasste es, von lauter reichen Fuzzis umgeben zu sein, die versuchten, ihrem Leben durch eine großzügige Spende einen Sinn zu verleihen. Und die sich anschließend wieder in das verwandelten, was sie eigentlich waren: arrogante Arschlöcher.

Sein Blick suchte die Kellner mit den Sekttabletts, ehe sein Vater ihm unauffällig gegen den Fuß stieß und leise zischte: »Es reicht!«

Tristan schluckte. »Ich hatte ziemlichen Durst«, sagte er zu Grewe gewandt, der nur milde lächelte.

»Völlig legitim«, antwortete der und zwinkerte Tristan verschwörerisch zu. »Wenn man schon hier ist und so freigiebig spendet, sollte man auch zugreifen dürfen, nicht wahr? Die Kanapees sind übrigens auch hervorragend.«

Tristan lächelte zurück, und bevor er etwas erwidern konnte, ergriff sein Vater das Wort. »Forschen Sie? Oder wie kommen Sie zu der Ehre, dieser Veranstaltung beizuwohnen?«

Um nicht zu zeigen, wie altmodisch und peinlich Tristan diese Formulierung fand, biss er die Zähne zusammen.

Grewe antwortete: »Ich habe vor, eine Firma mit dem Namen Better Life zu gründen. Mein Ziel ist es, Traumaerinnerungen, zum Beispiel bei Soldaten, auszulöschen. So kann diesen Menschen auch nach Vollendung ihres Dienstes für das Vaterland geholfen werden und es besteht die Möglichkeit, ein Leben ohne Albträume, Panikattacken oder sonstige posttraumatische Folgeerkrankungen zu führen. Dementsprechend passt diese Gala natürlich hervorragend.«

Das Leuchten in den Augen von Lars Römer war deutlich zu sehen, zumindest für Tristan. Wahrscheinlich hatte sein Vater irgendeine Möglichkeit gewittert, Geld aus der Angelegenheit zu scheffeln – vermutlich, indem er erst einmal investierte.

»Mhm«, sagte er. »Wer sind Ihre bisherigen Sponsoren? Ihr Projekt klingt in jedem Fall sehr interessant.«

»Wenn Sie möchten, erzähle ich Ihnen gern mehr darüber.« Grewe deutete in die andere Ecke des pompös eingerichteten Saals und Römer verstand – die beiden entfernten sich, um privat miteinander zu sprechen.

Grummelnd drehte Tristan sich um und suchte einen weiteren Kellner mit Sektgläsern.

Nach einer Stunde, einem langweiligen Programmpunkt und vier weiteren Gläsern Sekt später, sah er von Weitem, wie Grewe seinem Vater die Hand gab und sich anderweitig in das Getümmel stürzte. Gleich würde eine geheuchelte Rede des Hauptsponsoren der Gala beginnen. Römer schlenderte in Richtung seines Sohnes und warf ihm einen missbilligenden Blick zu. Wahrscheinlich wegen des Alkohols. Tristan tat, als ob er nichts bemerkte.

»Und, neues Geschäft abgeschlossen?«

»Kann man so sagen«, sagte sein Vater. »Wir haben nachher noch einiges zu besprechen, mein Sohn. Also trink nicht so viel.«

»Du bist der Sohn des Vorsitzenden der NWP? Sind das nicht die Leute, die Better Lifes Werbung finanzieren?«, fragte Charlie ungläubig.

»Finanziert haben«, warf er ein und wich ihrem Blick aus. »Ich bin nicht gerade stolz darauf.«

Charlie fröstelte. Sie war also in den Fängen von Better Life. Schon wieder.

»Und was werdet ihr jetzt mit mir tun?«

»Was wir …«, Tristans Augen weiteten sich, »Oh, du hast mich falsch verstanden. Ich war noch nicht fertig. Der Parteivorsitzende mag mein Vater sein, aber ich bin mit dem, was er tut, nicht einverstanden, glaub mir. Und ich gehöre auch nicht zu Better Life.«

»So?« Skeptisch blickte Charlie zu ihm auf und verlor sich trotz der unpassenden Situation kurz in seinen braunen Augen.

Tristan spielte an der Kordel seines roten Kapuzenpullis. »Am besten erkläre ich dir, wie es weiterging.«

Berlin, kurze Zeit nach der Spendengala, 2066

»Hast du alles verstanden? Es ist wichtig, dass du nicht auffliegst. Mach mich stolz, mein Sohn!« Römer klopfte ihm auf die Schulter.

Tristan rollte mit den Augen und stöhnte. Es war sicher schon das vierte Mal, dass er alles wiederholte. Noch einmal ratterte er genervt die Fakten herunter: »Grewes Vertrauter werden, dir weiterleiten, wie Better Life sich entwickelt und alle Informationen so an dich weitergeben, dass es niemand merkt.«

»Sehr schön, mein Junge. Und sauf verdammt noch mal nicht so viel oder besorg dir sauberen Morgenurin. Ich will mein Geld in das neue Projekt stecken und nicht in deine Arztrechnungen.«

»Ich bitte dich, das ist doch für dich maximal die Portokasse.«

»Ich sehe es aber nicht ein, das Geld zum Fenster rauszuwerfen. Sollten sich meine Ideen verwirklichen lassen, wird das eine lohnenswerte, aber höchst kostspielige Angelegenheit.«

∞

»Du solltest also bei Better Life nur spionieren?«, fragte Charlie.

»Ja, aber das war nicht alles. Es ist komplizierter. Für meinen Vater, dessen Pläne ich nicht genau kannte, sollte ich Informationen über Grewe beschaffen. Grewe wiederum trug mir auf, bei einer Aktivistengruppe namens FreeMinds zu spitzeln. Und ab da nahm alles seinen Lauf … Mir war bis dato gar nicht klar gewesen, was für ein Missbrauch bei Better Life stattfand. Es kam alles erst durch Cordula, die du eben gesehen hast, ans Licht. Im Rahmen meiner Untersuchung der Aktivistengruppe, der ich nun ironischerweise selbst beigetreten bin, nahm ich Cordula fest. Doch sie überzeugte mich, sie nicht zu Better Life zu bringen. Weil sie mir klarmachen konnte, was dort wirklich geschieht. Na ja, das wäre jetzt eine sehr lange Geschichte, jedenfalls stand ich von da ab auf der anderen Seite und war eigentlich ein Dreifachagent: Ich arbeitete für FreeMinds, für Grewe und für meinen Vater. So konnte ich Falschinformationen verbreiten, wenn es nötig war, und uns hier mit FreeMinds einen sicheren Unterschlupf verschaffen.«

»O Mann …« Was sollte Charlie dazu sagen? Sie musterte ihn eingehend und stellte fest, dass er ihr unter anderen Umständen wirklich gut gefallen hätte. Sofort meldete sich ihr schlechtes Gewissen – hatte sie nicht vor Kurzem noch an

Marvin gedacht? Ihre Hormone mussten verrückt spielen. Sie schüttelte die Gedanken ab und fragte: »Und was ... was macht ihr jetzt genau?«

»Wir versuchen herauszufinden, was Better Life genau plant und wann – um zu verhindern, dass noch mehr Menschen zu Schaden kommen. Dazu sitze ich ja an der Quelle ... die neue Leitung von Better Life ist Natalie Scholz, Grewes Tochter. Sie hat einen Deal mit meinem Vater und ich denke, dass ich kurz davor bin, herauszufinden, um was es sich dabei genau handelt. Sobald wir das wissen, werden wir versuchen, Beweise zu sammeln und das Ganze zu stoppen. Ich meine – wir wissen ja schon, dass Menschen widerrechtlich gelöscht werden. Aber beweisen können wir es bisher nicht. Und ...«, Tristan hob energisch den Zeigefinger, »... ich möchte nochmals betonen, dass ich zu Anfang von alldem nichts wusste.«

Nun sah er sie erwartungsvoll an.

Charlie räusperte sich. »Gut, du willst mir also sagen, du gehörst zu den Guten, richtig?«

Zufrieden nickte er. »So könnte man es ausdrücken.«

Einen Moment musterte Charlie ihn. »Beweise es.«

»Was?«

»Na, beweise es. Ich bin bereit, mir alles anzusehen, anzuhören ... führ mich rum oder so. Zeig mir, dass du es ernst meinst und nicht zu Better Life gehörst. Erzähl mir mehr von dir.«

Während er vom Bett aufstand, lächelte er. »Du bist zwar nicht Amy, aber ein Teil von ihr scheint in dir zu stecken. Sie war dir jedenfalls irgendwie ähnlich.«

Charlie stieg ebenfalls vorsichtig vom Bett. »Wieso?«, fragte sie neugierig. »Wie war denn Amy so?«

»Hmmm. Direkt und ehrlich auf jeden Fall. Vielleicht ein bisschen introvertierter als du.«

Diese Antwort empfand Charlie als unbefriedigend, also versuchte sie es weiter. »Kanntet ihr euch gut?«

Wieder machte er »Hmmm«.

»Antwortest du immer so ausweichend? Nun sag schon, kanntet ihr euch gut oder nicht?« Nur langsam wurde ihr bewusst, was das bedeuten konnte. »O mein Gott! Wir haben doch nicht etwa …«

Tristan verschränkte beleidigt die Arme. »Wäre das so schlimm?«

»Nein! Äh, ja! Ich meine …« Hilflos suchte Charlie nach Worten.

Er grinste. »Wir hatten nur ein Date. Nur ein kleines. Und nein, wir haben nicht … wir haben nichts gemacht, außer Kaffee zu trinken.«

Charlie nickte. »Gut, also nimm es bitte nicht persönlich, aber das wäre mir durchaus … unangenehm gewesen. Was hat Amy denn so erz…«

Es klopfte und ehe Charlie weiterfragen konnte, rief Tristan: »Herein.«

Die blonde, leicht rundliche Frau mit dem seltsamen Namen Cordula – wer nannte sein Kind bloß so? – trat mit einem Bündel Kleidung in der Hand herein. »Auf welchem Stand seid ihr?«, fragte sie ohne Umschweife.

»Ich würde vorschlagen, wir zeigen ihr alles. Sie ist grob im Bilde.« Dann wandte er sich Charlie zu. »Und wenn du möchtest – mich würde sehr interessieren, wie du zu Better Life kamst. Aber das muss ja nicht sofort sein.«

Charlie nickte und nahm das Kleiderbündel, das Cordula ihr entgegenstreckte, an. »Danke.«

»Wir drehen uns um, dann kannst du dich umziehen«, sagte Cordula. Daraufhin drehte sie sich zur Wand und Tristan folgte ihrem Beispiel.

Charlie behielt die beiden im Auge, während sie die grüne Hose und das grüne Hemd abstreifte und in die frischen Klamotten schlüpfte. Es war ganz simple Kleidung. Ein schwarzes Nano-Shirt, das wasser- und schmutzabweisend war, und eine schwarze Jeans – und natürlich Unterwäsche und Schuhe, alles stilecht in Schwarz. »Dann los«, sagte sie, als sie fertig war.

Cordula winkte die beiden hinter sich her und Charlie roch die muffige Luft dieses Gebäudes – in welchem Gebäude sie sich auch immer befand. Der Geruch störte sie nicht, immerhin konnte sie jetzt einen Blick hinter die dicke Stahltür werfen, jedoch reichte er nicht besonders weit. Direkt vor der Tür befand sich nur ein schmaler gemauerter Gang, der von unangenehm grellen Neonlicht beleuchtet wurde. Die Betonwände wirkten dick und stabil und am Ende des kurzen Ganges befand sich eine Schleusentür. Cordula und Tristan drehten das schwergängige Rad der Schleuse gemeinsam.

Charlie erhaschte den ersten Blick hinter ihr ... ja, wie sollte sie es eigentlich nennen? Krankenzimmer? Oder doch eher Gefängnis? Auch hinter der Schleuse befanden sich dick gemauerte Gänge, die in drei verschiedene Richtungen führten und durch kaltes Neonlicht erhellt wurden.

Tristan schien die Fragen, die auf ihren Lippen brannten, zu erahnen. »Wir sind unter der Erde. In einem alten und abhör- und ortungssicheren Bunker. Weder dein Chip noch sonst irgendwelche technischen Geräte, die nicht hierhergehören, funktionieren hier. Alles mit einer speziellen Firewall abgeschirmt.«

So wie er es sagte, klang es beinahe stolz.

»Vorsicht!« Tristan hielt schützend den Arm vor Charlie, die ihm so fasziniert zugehört hatte, dass sie fast über ein dickes Rohr am Boden gestolpert wäre.

Einen Moment länger als nötig, hielt er den Arm noch vor sie und murmelte: »… müssten mal aufräumen hier …«

Ein wenig geschmeichelt, weil er sie hatte beschützen wollen, sagte Charlie: »Danke«.

Cordula unterbrach die beiden und Charlie fragte sich, ob diese genervt wirkte oder ob sie sich das nur einbildete. »Komm, ich zeige dir zuerst die Kantine, die ist gleich hier. Vielleicht ist noch was zu essen übrig. Ah, und wir haben hier alles notdürftig ausgeschildert, also solltest du dich frei bewegen können, ohne dich zu verlaufen.« Sie deutete auf die Schilder an den Abzweigungen. An einer Abzweigung stand *Kantine,* an der anderen *Ebene 2,* das Schild der dritten konnte Charlie nicht richtig entziffern. Es konnte *Leitzentrale* heißen, aber sicher war sie sich nicht. Cordula bog nach links ab und die anderen beiden folgten ihr.

Auch die Kantine, vielleicht sogar jeder Raum hier, wurde von einer Schleusentür abgeschirmt. Das brachten alte Bunker wohl mit sich. Die Schleuse der Kantine ließ sich leichter öffnen, Cordula tat es allein. »Da wären wir«, sagte sie.

Charlie trat in den Raum, Tristan folgte ihr.

Es duftete köstlich. Erst jetzt registrierte sie, dass sich ihr Magen anfühlte, als hätte sie Tage nichts gegessen. Wahrscheinlich war das auch der Fall. Als wollte ihr Magen ihr beipflichten, knurrte er laut. »Ich sehe mal nach, was wir haben«, sagte Cordula, die nun nicht mehr ganz so mürrisch wirkte, und machte sich in der hinteren Ecke des Raumes zu schaffen. Er war nicht groß, bot aber Platz für zwei Tische mit jeweils vier Stühlen. In der Ecke waren verschiedene Essenspakete gestapelt und direkt daneben befanden sich zwei Zubereiter.

»Ah, wir haben viele frische Pakete reinbekommen. Was magst du denn?«, fragte Cordula.

»Ganz egal«, sagte Charlie. Dann fügte sie doch noch schnell hinzu: »Außer Pilzgeschmack, wenn es geht.«

Tristan führte sie zu einem der Tische und zog einen Stuhl nach hinten. Dankbar setzte Charlie sich.

»Du auch was, Tristan?«

»Jepp. Sind's die üblichen Verdächtigen? Dann irgendeins mit Tortellini.«

Cordula nickte und legte ein Essenspaket in jeden Zubereiter. Sekunden später war das Essen fertig und Charlie sah innerlich das Bild von sich, wie sie sabbernd und lechzend am Tisch saß und alles mit einem Mal runterschlang, sie riss sich aber zusammen und ließ sich nicht anmerken, dass sie halb verhungert war. Noch war sie sich nicht ganz sicher, ob sie diese Leute wirklich als *die Guten* einordnen sollte. Trotzdem fühlte sie sich den Umständen entsprechend wohl. Dennoch: Sie brauchte dringend mehr Informationen.

Cordula stellte die Essenspakete auf den Tisch und setzte sich dazu. »Lasst es euch schmecken.«

»Danke.« Charlie griff nach dem Besteck an der Seite und riss das Paket auf. Sie hatte ebenfalls Tortellini bekommen, genau wie Tristan. Der musste fast so ausgehungert sein wie sie, so, wie er das Essen in sich hineinstopfte. »Köschtlisch«, nuschelte er.

»Mmhm«, stimmte Charlie zu.

Als sie aufgegessen hatte und die Gabel beiseitelegte, piepte es aus Cordulas Richtung – es schien von ihrem GAB zu kommen.

Charlie drehte sich ruckartig zu Tristan und verengte die Augen zu Schlitzen. »Ich dachte, die GABs funktionieren hier nicht?«

»Tun sie auch nicht«, bestätigte Tristan. »Das kommt aus der Wand hinter ihr.« Er deutete auf einen Hörer, der an einem klobigen Apparat in der Wand eingehängt war.

Cordula stand auf, hob ihn ab und redete in den Hörer hinein.

»Was ist das denn?«, fragte Charlie erstaunt.

»Eine Art Kommunikationsgerät, ein altes Telefon. So etwas gab es ganz früher mal. Was anderes funktioniert hier nicht. Aber mit diesen Dingern kann man sich immerhin von Raum zu Raum verbinden. Besser kann ich es nicht erklären – ich bin wirklich kein Technikfreak.«

»Ich muss euch leider alleine lassen«, redete Cordula dazwischen, die den Hörer wieder eingehängt hatte. »Die Besprechung ist in einer Stunde angesetzt, bis dahin kannst du sie ja herumführen und ihr alles zeigen.« Bei den letzten Worten sah sie Tristan an, und wenn Charlie nicht alles täuschte, war ihr Blick in Tristans Augen sehr eindringlich. Traute sie ihm nicht vollkommen? Oder war sie vielleicht in ihn verschossen und jetzt eifersüchtig? Und warum zum Henker dachte sie eigentlich über so etwas nach, wo sie doch viel wichtigere Probleme hatte?

»Bis dann«, sagte Tristan, während Cordula die Schleusentür öffnete und ohne einen weiteren Kommentar verschwand.

Jetzt war sie auch noch alleine mit diesem Tristan in einem Raum. Super ...

»So. Sollen wir?« Er stand auf und nahm die leeren Essenspakete, um sie in einer Box zu entsorgen, die hier wohl als Mülleimer fungierte.

Sie brannte darauf, mehr zu erfahren. Es war an der Zeit, dass sie ein paar Fragen stellte. Deshalb blieb sie sitzen und fragte: »Weißt du, was mit meinen Freunden passiert ist? Marvin? Und Zoe?«

Sein mitfühlender Blick ließ Charlies Herz schneller schlagen, denn so etwas bedeutete meist nichts Gutes.

Langsam setzte er sich wieder hin und schob seinen Stuhl ein klein wenig in ihre Richtung. »Sie sind am Leben.«

Charlie atmete vor Erleichterung hörbar aus. Sie hatte gar nicht mitbekommen, dass sie die Luft angehalten hatte.

»Und wo sind sie? Weißt du das?«, fragte sie voller Hoffnung.

Wie vorhin nahm er eine Kordel seines roten Pullovers in eine Hand und spielte damit herum. In die andere stützte er sein Kinn. »Sie sind in einer ... wie soll ich es nennen? In einer Art Zweigstelle von Better Life. Einer Diakonie. Man kann eigentlich sagen, dass der Hauptsitz von Better Life sich dorthin verla...«

»Und was tun sie da? Sind sie gelöscht worden? Geht es ihnen gut?« Charlie starrte ihn erwartungsvoll an.

Tristan seufzte. »Gut ist übertrieben. Gelöscht sind sie nicht, soweit ich weiß ... aber irgendwas hat Natalie mit ihnen vor.«

»Natalie? Die, die behauptet, sie sei Grewes Tochter? Die, die Marvin niedergeschlagen hat?« Charlie ballte die Fäuste und Tristan runzelte sorgenvoll die Stirn.

»Genau die, befürchte ich.« Sanft legte er seine Hand auf ihre. Er hatte vermutlich bemerkt, dass sie zitterte.

Reflexartig zuckte sie zurück. »Lass das«, sagte sie härter, als sie es beabsichtigt hatte. Sie hatte einfach andere Sorgen, als sich von einem fremden, attraktiven Mann in Watte packen und verhätscheln zu lassen.

»Entschuldige«, sagte Tristan und ließ seine Hand wieder an die Pulloverkordel wandern. »Ich wollte dir nicht zu nahe treten. Vielleicht sollte ich dir jetzt den Rest des Bunkers zeigen.« Abrupt stand er auf und Charlie tat es ihm gleich. Es war offensichtlich, dass sie ihn ein wenig gekränkt hatte und ein schlechtes Gewissen beschlich sie. Sie schüttelte es ab, so gut es ging.

Während Tristan die Schleusentür öffnete, begann er mit dem Erklären. »Das hier kennst du ja jetzt, unsere winzige Kantine. Aber für uns reicht es allemal.«

»Gibt es mehrere Etagen?«

»Nein«, lautete die knappe Antwort.

Sie traten auf den Gang hinaus und er bog nach links ab, zurück in die Richtung, aus der sie gekommen waren.

»Der Bunker ist nicht riesengroß. Es gibt nur wenige Bereiche. Da drüben ist die Leitzentrale, in der auch unsere Besprechung stattfinden wird, und da ist Abschnitt zwei, in dem wir sozusagen wohnen.«

Stumm folgte Charlie ihm den Gang entlang, bis sie an der Abzweigung ankamen, an der die Schilder angebracht waren. Er deutete darauf und sagte: »Ich zeige dir mal die Wohnebene. Da triffst du auch einige Mitglieder unserer Gruppe. Es gibt noch andere Bunker, wir sind nur ein Bruchteil der Aktivisten. Aber der Wichtigste, würde ich sagen.«

Tristan öffnete schwungvoll die Schleusentür und bedeutete ihr, hineinzugehen.

Obwohl sie sich unter der Erde befanden und alles andere kalt und ungemütlich gewirkt hatte, sah es hier schon fast einladend aus. Die Wände waren in einem beigen Farbton gehalten und es hingen verschiedene Magnetboards daran. Wahrscheinlich war mit magnetischer Farbe gestrichen worden – oder die Wände waren aus Metall. Links und rechts gingen Türen ab, diesmal keine Schleusen, sondern ganz normale Eisentüren. Sie zählte zwölf bis zum Ende des Flures.

»Wie viele Leute hat eure Organisation eigentlich? Es klang, als wäre FreeMinds ziemlich groß«, fragte sie.

»Viele.« Er lächelte. »Aber hier in diesem Bunker sind nur ungefähr zehn Leute. Wie gesagt, wir haben mehrere geheime Bunker, verteilt in und um Berlin.«

Charlie nickte.

Eine Tür öffnete sich und ein junges Mädchen, vielleicht siebzehn Jahre alt, starrte sie an. »Wer ist das?«, fragte sie und warf Charlie einen abschätzigen Blick zu. Das Mädchen war dünn, aber nicht schlaksig, eher drahtig. Sie lehnte mit einer Hand noch an der Tür und hatte die andere in die Hüfte gestemmt, mit ihrer Haltung und ihrem misstrauischen Blick wirkte sie kampfbereit.

»Das ist A… «

»Charlie«, verbesserte Charlie und hielt dem Mädchen die Hand hin.

Tristan fügte hinzu: »Sie war eine Gelöschte.«

»Und was macht sie bei uns?«, fragte das hellhaarige Mädchen, das Charlies Hand eisern ignorierte und ihn grimmig ansah.

»Sie wird uns helfen.« Tristan warf Charlie einen Seitenblick zu und zwinkerte.

»So? Und warum? Bei was genau?«, wollte sie wissen.

Tristan sah sie nun strenger an. »Deine Wachsamkeit in allen Ehren, Josi, aber du musst dir keine Sorgen machen. Selbst wenn sie wollte, käme sie hier nicht weg. Sie hat den Chip nicht.«

Josi zögerte kurz und nickte Charlie dann widerwillig zu. »Ich bin Josi«, sagte sie mürrisch.

Nun war es Charlie, die Josi ignorierte. Sie wandte sich entsetzt an Tristan. »Wie, ich komme hier nicht weg? Ich bin also eine Gefangene?«

Laut seufzend lehnte Tristan sich gegen die Wand und sah sie dann forsch mit seinen braunen Augen an. »Bist du eine Freundin von Better Life?«

»Hä? Nein, natürlich nicht«, antwortete Charlie prompt.

»Willst du, dass Better Life für das, was es tut, zur Rechenschaft gezogen wird?«

»Natürlich!«

»Siehst du? Dann sind wir doch auf derselben Seite. Und bei der Besprechung erfährst du mehr. Wenn du dich danach entscheidest zu gehen, dann steht dir das frei. In Ordnung?«

Ob ihr eine Wahl blieb, wusste sie nicht, aber sein Angebot klang fair. Sie nickte.

Kapitel 9

Paul, Bunker FreeMinds, 2075

Paul kam langsam zu sich und überlegte, was geschehen war. Bevor er die Augen öffnen und womöglich unvorbereitet einem Feind gegenüberstehen würde, musste er nachdenken, sich sammeln.

Er hatte einen Auftrag von Natalie bekommen, den er gezwungenermaßen zu erfüllen gelobt hatte. FreeMinds ausfindig zu machen und Informationen zu beschaffen, damit diese Organisation zerstört werden konnte. Dann war er zum Auto gegangen und dort hatte diese Pflegerin auf ihn gewartet. Marion. Sie hatte ihm irgendwas ins Gesicht gesprüht und … sie hatte ihn entführt!

Nun riss er doch die Augen auf und blickte sich hektisch um. Er lag in einem Bett, das sich in einem kleinen Zimmer befand, und erspähte als Erstes eine Stahltür.

Paul befreite sich von der Decke, stemmte sich hoch, stand leise auf und schlich dorthin. Ihm war noch ein wenig schwindelig von dem Spray, das ihn ausgeknockt hatte, aber nicht so sehr, dass er nicht hätte laufen können.

Er lauschte einen Moment und konnte kein einziges Geräusch vernehmen. Vermutlich war dort niemand. Obwohl er sich dachte, dass es nichts nützen würde, rüttelte er wie ein Wilder an der Tür. Wie erwartet, tat sich nichts.

»Verdammte Scheiße!«, zischte er, fuhr sich durch die Haare und sah sich gründlich um. Es gab weder etwas, das er als

Waffe hätte nutzen können, noch sonst irgendetwas Hilfreiches. Lediglich ein Bett und Betten gedachte er für andere Dinge zu nutzen als zur Selbstverteidigung.

Wo war er? Und was war mit seinem Chip und seinem GAB? Schnell hob er die Hand hoch und war erleichtert, das GAB an seinem Handgelenk vorzufinden. Hätten diese Marion es ihm abgenommen, hätte das böse enden können. Schließlich hatte Natalie ihm damit gedroht, sein Hirn zu braten ... wie spät war es überhaupt? Hoffentlich noch nicht nach acht, denn das war ihre Deadline gewesen.

Die Tür öffnete sich quietschend und Paul brachte sich in Kampfposition. Noch einmal würde er sich nicht niederstrecken lassen, schon gar nicht von so einer ... Augenblicklich spürte er, dass er nicht würde angreifen können.

Denn vor ihm stand der einzige Freund, den er jemals gehabt hatte, und schaute ihn an.

»Hallo Marvin ... mein Name ist Tristan, vielleicht kennst du mich noch. Ich möchte mich zuerst bei dir entschuldigen, damals musste ich so handeln, weil sonst aufgeflogen wäre, dass ich ...«

Meinte der das ernst? »Weiß ich doch – ich bin nicht komplett blöde, Mann. Wo bin ich? Und warum zur Hölle bist du auch hier?«

»Paul?«, keuchte Tristan überrascht.

»Hast du jemand anderes erwartet?« Paul ließ grinsend die Hände sinken, spürte einige Sekunden später Tristans feste Umarmung und erwiderte sie, auch wenn er sich dabei sehr unmännlich vorkam.

»Ich dachte, sie würde uns Marvin bringen! Aber sie bringt dich, das ist ja noch viel besser!«, jubelte Tristan und ließ von

Paul ab. Sein Blick wurde skeptischer. »Das heißt ... wenn ich dich von unserer Sache überzeugen kann.«

»Sprich Klartext.« Paul kniff die Augen zusammen. »Was für eine Sache?«

»Hör zu. Ich bin einer Gruppe von Aktivisten namens FreeMinds beigetreten, die ...«

»FreeMinds?«, unterbrach Paul ihn erstaunt und sah Tristan ungläubig an. »Die Pflegerin von Better Life hat mich zu FreeMinds gebracht?«

»Marion meinst du? Sie ist eigentlich eher unsere Mitarbeiterin als die von Better Life. Wir haben es geschafft, sie als Pflegerin bei denen reinzuschmuggeln. Wir haben nämlich ‚ne super Hackerin, die uns das ermöglicht hat, indem sie Marions Lebenslauf ein wenig angepasst hat.« Tristan grinste kurz, wurde aber sofort wieder ernst, als Paul sprach.

»Better Life hat mich auf euch angesetzt. Ich soll Natalie«, er spuckte den Namen angewidert aus, »euren Standort und eure Pläne mitteilen. Du bist mein Freund, deswegen sag ich's dir lieber gleich ... Ich kann mich eurer Sache nicht anschließen. Sie hat Zoe.«

Tristan ließ die Schultern sinken und seufzte. »Ich weiß. Marion und auch andere Informanten haben uns so viele Informationen zugetragen, wie es möglich war. Aber genau deswegen brauchen wir dich – denn unser Ziel ist es ja, Better Life ein für alle Mal auszuschalten. Natürlich soll auch Zoe freikommen.«

»Ich würde euch ja gerne helfen, ich weiß inzwischen, dass nichts so war, wie es schien ... aber Natalie hat Sicherheitsvorkehrungen getroffen. Ich dürfte nicht viel Zeit haben. Die haben irgendwas in meinem Hirn eingesetzt, was man nicht so einfach herausholen kann. Dagegen waren die Zyankalikapseln ein Zuckerschlecken.«

»Etwas Elektronisches? Dann kann ich dich beruhigen. Hier unten gibt es eine starke Firewall und technische Dinge von draußen haben keinen Empfang. Solange du hier bist, bist du sicher.«

»Aber Zoe nicht.«

Tristan klopfte ihm beruhigend auf die Schulter. »Das kriegen wir hin, versprochen. Laut unserer Leute haben die irgendwas mit Zoe vor, es ist absolut unwahrscheinlich, dass sie sie einfach so töten. Sie scheint aus irgendeinem Grund wichtig zu sein. Die wollen dir nur drohen.«

»Nur drohen ist gut. Bist du dir sicher, dass sie weder mich noch Zoe auslöschen? Was ist, wenn ich aus diesem ... Gebäude rausgehe?«, fragte Paul skeptisch.

Tristan seufzte. »Natürlich kann ich dir keine hundertprozentige Garantie geben. Aber es ist wirklich sehr unwahrscheinlich.«

Paul sah auf sein GAB und kniff die Augen zusammen. Die Zeit war stehengeblieben. Ob das an den Sicherheitsvorkehrungen lag? »Tristan, wie spät ist es? Mein GAB funktioniert nicht richtig.«

»Wieso? Hast du was vor?« Tristan kratzte sich am Kopf und Paul verdrehte die Augen.

»Ja, um acht habe ich vor zu überleben und nicht durch einen Knopfdruck von Natalie zu sterben. Außerdem habe ich vor, Zoe zu helfen und ...«

Tristan unterbrach ihn. »Es ist kurz nach fünf. Und glaub mir, hier bist du sicher. Das verspreche ich. Hier kommt nichts durch.«

Okay, er hatte also noch mehrere Stunden Zeit. »Wo ist eigentlich *hier*?« Paul ließ erneut den Blick durch den Raum schweifen.

»Komm mit, ich zeig's dir«, sagte Tristan und winkte ihn hinter sich her, um ihm den Bunker zu zeigen. »Aber um eines muss ich dich bitten: Unsere Chefin wird nicht begeistert sein, wenn sie erfährt, dass du Paul bist. Sie wollte Marvin. Also halte dich bedeckt. In zwanzig Minuten gibt es eine Besprechung, da wirst du alles Wichtige erfahren. Ich hoffe, du schließt dich uns an. Gemeinsam wären wir ein ziemlich gutes Team.«

Kapitel 10

Paul, Bunker FreeMinds, 2075

Während seiner Führung durch den Bunker erzählte Tristan ihm von seiner echten Vergangenheit, nicht von der, die Paul gekannt hatte. Zusätzlich erzählte er von seinem Vater und von Amy, mit der er ein Date gehabt hatte, als er tatsächlich noch ein loyaler Mitarbeiter gewesen war. Und wie er letztendlich, als er mehr über die Pläne seines Vaters herausgefunden hatte, die Seiten gewechselt hatte.

Welche Pläne das genau waren, hatte er noch nicht verraten. Paul kam nicht dazu, zu fragen, denn schon bombardierte ihn Tristan seinerseits mit Fragen:

»Was ist bei dir abgelaufen? Wie war es eigentlich, als Marvin da war, hast du diese Zeit mitbekommen? Wo ist Marvin jetzt? Ist er noch in deinem Kopf?«, und viele mehr.

Paul beantwortete sie Stück für Stück. Er erzählte, dass er schon einige Zeit vor seiner Quarantäne geahnt hatte, dass etwas bei Better Life nicht rund lief, er es aber nicht hatte wahrhaben wollen. Und wie Marvin immer schwächer geworden war und Paul den Körper übernommen hatte.

Anerkennend pustete Tristan einen Schwall Luft aus. »Wow. Heftige Geschichte. Ich weiß gar nicht, mit wem ich mehr Mitleid haben soll. Mit dir oder mit Marvin.«

»Du sollst keinen von uns bemitleiden«, entgegnete Paul gefasst. »Wir sollten lieber was tun. Wie es aussieht, habt ihr euch hier was Sinnvolles aufgebaut. Ich bin neugierig, was genau ihr plant und wie das ablaufen soll.«

»Das wirst du gleich erfahren.« Tristan lächelte und öffnete die Schleusentür zur Leitzentrale.

Paul blieb wie erstarrt stehen. War das nicht ... konnte das wahr sein? Es musste so sein. Dort stand Cordula – und sie lebte! War sie etwa ... die Chefin? Oder hatte sie eine Schwester, von der er nie erfahren hatte? Sie hatte ihn noch nicht entdeckt, sondern bereitete irgendetwas auf einem RD vor, das mit einer mobilen OLED-Wand verbunden war, die an der gemauerten Wand hing. Davor zählte Paul, der wie automatisch seine Umgebung scannte, neun Menschen. Aber sein Blick wanderte sofort zurück zu Cordula, die so beschäftigt war, dass sie ihn immer noch nicht gesehen hatte.

»Das ... Das ist ...«, stotterte Paul.

»Ja, sie ist es. Cordula Winter, aus deinem ersten Auftrag vor Jahren. Wie ich sehe, erinnerst du dich an sie.«

»Ich dachte, man hätte sie ...«

»Entsorgt?« Tristan klopfte Paul auf die Schulter. »Du hast schon richtig gedacht, das war auch der Plan. Aber das Ganze fand genau in der Zeit statt, in der ich ... umgedacht habe. Ich habe viel mit Cordula geredet und sie hat mich überzeugt, sodass ich FreeMinds-Aktivist geworden bin.«

»Aber ...«

Eine Frau vor Paul drehte sich um und ihr Gesicht kam ihm vage bekannt vor. Hatte er sie nicht bei Better Life gesehen? Er erinnerte sich nur dumpf.

»Marvin?« Die Rothaarige starrte ihn ungläubig an und rief dann aus: »O mein Gott!«

»Marvins Freundin Charlie«, flüsterte Tristan. In diesem Moment fiel sie ihm auch schon in die Arme und Paul verkrampfte sich. Er war nicht Marvin – und dennoch spürte er so etwas wie ein Rumoren in seinem Inneren. Vielleicht versuchte Marvin, sich nach vorn zu drängen und schaffte es nicht? Vorsichtig umarmte er die Frau ebenfalls, er wollte sie nicht direkt ins kalte Wasser schmeißen. Diesen Moment würde er ihr gönnen, den Moment der Hoffnung. Und schließlich wusste er selbst nicht, wie lange er hierbleiben konnte oder wann Marvin die Kontrolle über den Körper wieder übernehmen würde.

Als sie sich von ihm löste, glitzerten Tränen in ihren Augenwinkeln. »Marvin, wie bist du hierhergekommen? Ich bin so froh, dich zu sehen!«

Vorsichtig ergriff er ihre Hand. »Es tut mir wirklich leid, ich …«

Sie riss die Hand aus seiner und schlug sie sich vor den Mund, als sie es mit Entsetzen selbst erkannte. »Du bist gar nicht Marvin!«, flüsterte sie erschüttert.

»Es tut mir leid«, wiederholte er und senkte den Kopf, wich ihrem Blick kurz aus. Lange schaffte er es nicht und sah ihr wieder direkt ins Gesicht.

Nun lief eine Träne ihre Wange hinab und ihre Lippen bebten. »Ist er … ist er tot?«

»Tot?« Darüber hatte sich Paul selbst noch keine Gedanken gemacht. Konnte eine Person im Inneren sterben? Oder ihr Bewusstsein auf irgendeine Art verloren gehen? Er wusste es nicht, wollte sie aber nicht beunruhigen. »Nein, ich denke … er schläft. Er ist noch da«, versicherte er ihr.

Tristan stand betreten daneben und sah zwischen Paul und Charlie hin und her. Gleichzeitig ahnte Paul anhand Tristans

Blick, dass er versuchte, ihn daran zu erinnern, dass er sich als Marvin ausgeben sollte. Aber vor Charlie hatte er es nicht übers Herz gebracht.

Sie schluckte schwer und er konnte sehen, wie sie versuchte, sich zu fangen. Er hatte ihr die Hoffnung ja nicht ganz genommen, vielleicht war das ein kleiner Trost für sie?

»Okay«, sagte sie und sah in Pauls Augen, als suchte sie Marvin darin. Dann blickte sie zu Tristan, als wollte sie sich entschuldigen.

Paul schluckte. Was für eine verzwickte Situation. Es musste furchtbar für Charlie sein. Hier stand er vor ihr, der Mann, den sie liebte, und doch war er fort.

Plötzlich ging das Licht im Raum aus, einzig das Podest wurde noch beleuchtet, und Stille kehrte ein. Alle wandten den Blick nach vorn, zu Cordula, die Paul nun entdeckt hatte und ihm zunickte.

»Setzt euch«, sagte sie. »Und dann legen wir los.«

Alle setzten sich auf die Stühle, die im Raum verteilt waren, und bildeten einen großen Halbkreis um Cordula und die OLED-Wand.

»Schön, dass ihr alle da seid«, begann sie zu sprechen. Kurz kam sich Paul vor wie auf einer Klassenfahrt oder so etwas – auch wenn er sich an keine erinnern konnte, stellte er sie sich von der Atmosphäre her so vor. Sein Blick wanderte prüfend von Gesicht zu Gesicht. Bis auf zwei der Aktivisten sahen alle noch jung aus. Unter ihnen erkannte er Marion, die ihn zwangsweise hierherverfrachtet hatte und den Blick interessiert auf Cordula richtete. Auf den meisten Gesichtern zeichnete sich das bisherige, vermutlich bewegte Leben dennoch deutlich ab. Hin und wieder spürte er Charlies fragenden Blick auf sich ruhen, spürte ihre Hoffnung, dass Marvin auftauchen möge. Zu seiner Linken saß Tristan, der seinen Kopf verkrampft nach vorne wandte. So ernst kannte er seinen Freund gar nicht, andererseits hatte er in Anbetracht der Lage auch keinen witzereißenden Clown erwartet. Nicht, dass er das sonst immer nur gewesen wäre – Tristan war durchaus kompetent – aber eben auch witzig. Schnell schüttelte er die Gedanken ab und konzentrierte sich darauf, Cordula zuzuhören.

»… ich den Neuen noch eine kurze Zusammenfassung geben. Wie ihr wisst, wollen wir erreichen, dass keine Menschen mehr gelöscht werden können. Dazu müssen wir das Programm von Better Life endgültig vernichten. Das ist der Grund, warum wir uns zusammengefunden haben und Gelöschte wie ihr«, sie zeigte auf Paul und Charlie, »sind der Grund, dass wir nicht aufgeben werden, ehe wir es geschafft haben.«

Die Leute klatschten begeistert, trommelten mit den Füßen im Takt auf den Boden und riefen eine Parole im Chor:

»*Wir sind, wer wir sind!*
Wir tun, was wir tun!
Bevor sie nicht aufhören,
werden wir nicht ruh'n!
Free! Minds!«

Cordula hatte die Parole mit erhobener Faust ebenso inbrünstig gerufen wie die anderen. Nun nahm sie die Hand wieder herunter, lächelte und deutete an, dass sie weitersprechen wollte. Nach kurzer Zeit kehrte Stille ein und sie fuhr fort. »Um dieses Ziel zu erreichen, müssen wir manchmal auch etwas heftiger vorgehen. Ich habe keine Neuroinformatik studiert, aber mit dem Thema Hirn und Technik habe ich mich zumindest eingehend befasst und einige vertrauenswürdige Experten zu Rate gezogen. Der guten Marion hier ist es gelungen, mir Teile des Better-Life-Programmes zu besorgen. Ich habe vor, es zu analysieren und leicht zu verändern. Wir werden es dort hineinschmuggeln, sodass Better Life fortan unser umgerüstetes Programm nutzt.«

»Und was soll das bringen?«, schaltete sich das skeptische junge Mädchen ein. »Wollen wir das Programm nicht zerstören?«

»Sehr wichtige Fragen, Josi«, antwortete Cordula lächelnd. »Das Programm wird für uns nur in Kombination mit Better Life nutzbar sein. Ich erkläre es ohne technischen Hintergrund: Jemand wird bei Better Life gelöscht und kommt aus dem Gebäude. In dem neuen Programm ist aber ein Code mit eingebaut, der uns dank eines speziellen Scanners direkt verrät, dass er ein Gelöschter ist. Mit unserer zweiten, dann folgenden Nachprogrammierung können wir den Gelöschten als Doppelagent bei Better Life einsetzen und das Programm letztlich zerstören, was ja unser großes Ziel ist.«

Charlie pustete die Luft aus und hob die Hand, als säße sie in der Schule und würde sich melden.

Sie erntete einen missbilligen Blick von Cordula. »Ja?«

»Ist das nicht ein bisschen … unmoralisch? Du willst also jemand Gelöschtes noch mal programmieren, damit er zweckdienlich für FreeMinds ist? Ich finde das nicht gut. Das hat was Missbräuchliches. Die Leute werden doch wieder zu Marionetten!«

»Schön ist es natürlich nicht. Aber es ist eine hervorragende Möglichkeit, Better Life zu unterwandern. Und selbstverständlich zielen wir darauf ab, die Gelöschten am Ende alle wiederherzustellen! In diesem Fall heiligt der Zweck die Mittel.«

»Ich weiß nicht«, murmelte jemand anderes.

Das skeptische junge Mädchen mischte sich nach kurzem Nachdenken ein: »Ich bin dafür. Tun wir es nicht, wird doch der Gelöschte eh von denen für irgendwas benutzt. Dann können wir das doch auch tun und dafür ist derjenige am Ende ja auch frei.«

Paul konnte sich nicht zurückhalten und sprach ebenfalls in die Runde. »Ich … also besser gesagt die Persönlichkeit, die mal in meinem Körper war, hat ganz genauso gedacht, vor einigen Jahren jedenfalls. Cordula weiß das …«

Die Angesprochene kniff die Augen kaum merklich zusammen, offensichtlich wusste sie noch nicht, ob ihr gefiel, was Paul sagen wollte.

»Die Person, die meinen Körper besetzt hatte, hat für Better Life gearbeitet und ernsthaft gedacht, man will traumatisierten Menschen helfen, indem man deren Erinnerungen an das Trauma löscht. Was daraus geworden ist, seht ihr ja. Better Life zieht sich willenlose Roboter heran, anders kann man es nicht sagen. Ich will dir nicht zu nahe treten, aber wer sagt uns denn, dass dir oder anderen die Macht am Ende nicht doch zu gut schmeckt, um sie wieder auszuspucken?«

Cordula sah empört aus und eine heiße Diskussion entbrannte, Gerede und Gemurmel erfüllte den Raum. Tristan war zwiegespalten, Charlie und Paul dagegen und auch der Rest der Aktivisten wurde sich nicht einig.

»Stopp!«, rief Cordula nach kurzer Zeit dazwischen und das Gemurmel verstummte wieder. »Wir werden demokratisch abstimmen. Und zwar anonym, damit auch jeder wirklich seine Meinung sagt. Ich habe da mal was vorbereitet …« Sie zog ein kleines RD hervor. »Ihr kommt einfach nacheinander nach vorn und stimmt ab. Niemand kann sehen, für was ein anderer gestimmt hat – am Ende wird ausgewertet. Die Frage lautet: Sollen wir das Programm für unsere eigenen und guten Zwecke nutzen? Ich fange an.« Cordula legte das RD auf dem Pult vor sich ab und tippte darauf, danach ging sie zwei Schritte beiseite und bat den Nächsten, abzustimmen.

Marion stieg nach oben und tippte als Erste etwas auf dem Display. Dann war Charlie an der Reihe. Für was sie abstimmen würde, konnte Paul sich denken. Sie ging entschlossenen Schrittes zum Pult, drückte auf das Display des RDs und ging dann ebenso entschlossenen Schrittes zurück, um Paul abstimmen zu lassen.

Unangenehm berührt ging Paul nach vorne und betrachtete das Display. Viel gab es nicht zu sehen. Er konnte lediglich *Ja* oder *Nein* antippen. Trotz seines aufkeimenden inneren Zwiespalts – er war immerhin programmiert und somit keine echte Person, auch wenn er sich so fühlte – stimmte er für *Nein* und überließ Tristan die nächste Wahl.

So ging es weiter, bis alle abgestimmt hatten und Cordula sich wieder vor das Pult stellte.

»Ich lasse es auswerten«, verkündete sie. »Natürlich so, dass ihr es sehen könnt.« Sie koppelte das RD mit der OLED-Wand und drückte auf *auszählen*.

Ein Lächeln stahl sich auf Cordulas Gesicht, als das Resultat der Abstimmung auf der OLED-Wand erschien. Ein einfaches und deutliches: *Ja*.

Wieder ging ein Raunen und Murmeln durch die Reihe.

»Wir haben ein Ergebnis«, verkündete Cordula. »Lasst uns planen, wie wir am besten vorgehen.« Sie stieg mit dem RD in der Hand von dem Pult, schnappte sich einen Stuhl und setzte sich. Alle anderen, so auch Paul, rückten ein Stück nach hinten, sodass sich ein Kreis bildete. Das Licht, das das Pult anstrahlte, genügte, um auch hier etwas sehen zu können. Cordula sah prüfend vom RD zur OLED-Wand und öffnete eine Mindmap.

»Ich habe da mal was vorbereitet«, lächelte sie.

Paul beherrschte sich, nicht die Stirn zu runzeln oder seiner Skepsis anderweitig Ausdruck zu verleihen. Es wirkte, als hätte sie mit diesem Ergebnis gerechnet und alles bereits geplant. Vielleicht tat er ihr aber auch unrecht und sie hatte sich lediglich gut vorbereitet. Er sah von Cordula zur OLED-Wand und betrachtete noch einmal das Ergebnis. Cordula unterbrach seine Gedanken, indem sie wieder zu sprechen begann.

»Erst mal zur Vorbereitung. Wir haben mehrere Insider bei Better Life. Einmal Marion«, sie nickte der jungen Frau zu, »dann natürlich Tristan und jetzt auch noch Marvin Lenzen. Über die letzten Monate hat Marion uns hin und wieder Dinge herausgeschmuggelt, beispielsweise haben wir ausreichend Security-Uniformen für uns alle. Was uns noch fehlt, sind ein oder besser zwei Gelöschte. Das heißt, jemand muss mir welche herauslocken, die möglichst viele Zugänge haben, damit ich sie für uns optimieren kann. Als Nächstes würden dann mehrere von uns mit den Neuprogrammierten hineingehen und ich würde mir mit eurem Schutz den Weg bahnen, sodass wir an das Hauptprogramm kommen, um es endgültig zu löschen.«

»Wäre es nicht sinnvoller, jemand anderes, der kein Misstrauen erweckt – zum Beispiel Tristan – würde sich den Weg zum Programm bahnen? Und wo ist es überhaupt versteckt? Inklusive aller Sicherheitskopien?«, warf Charlie ein.

Paul und Tristan nickten ihr beipflichtend zu. Charlie gab eine intelligente Rebellin ab. Das konnte Paul beinahe spüren und er bekam eine vage Ahnung davon, was Marvin – und vermutlich auch Tristan – an ihr fanden.

Eine Weile diskutierte die Gruppe hin und her, bis am Ende der Entschluss gefällt wurde, dass jeder weiterhin über sinnvolle Lösungen nachdachte und sie sich vorerst vertagten. Es war spät geworden und alle waren müde.

Jemand öffnete die Schleuse und sie traten hinaus auf die Gänge. Plötzlich traf es Paul wie ein Schlag – er hatte so intensiv diskutiert und über Cordula und ihre Pläne nachgedacht, dass acht Uhr unbemerkt verstrichen war. Und ihm war nichts passiert. Blieb nur zu hoffen, dass er damit nicht Zoes Leben aufs Spiel gesetzt hatte … Bei dem Gedanken zog sich sein Magen schmerzhaft zusammen. Er brauchte Ablenkung, schnell. Krampfhaft schob er den Gedanken an Zoe beiseite, weil er jetzt nichts für sie tun konnte.

Tristan brachte Paul zu seinem Übergangsquartier, vorbei an den anderen Zimmern. »Wo wohnt denn Cordula?«, fragte Paul neugierig.

»Ganz hinten«, antwortete Tristan und deutete auf die letzte Tür im Flur. »Wieso?«

»Nur so.« Sie waren bei Pauls Zimmer angekommen.

Tristan blieb stehen und sah ihn skeptisch an. »Ach, komm. Ich kenne dich doch. Was hast du vor?«

Paul überlegte einen Moment, öffnete die Tür und zog Tristan dann mit in sein Zimmer. Verschwörerisch flüsterte er. »Pass auf. Hast du dir mal die Gesichter angesehen, als Cordula die Abstimmung machen wollte? Ich kann mir nicht vorstellen, dass wirklich die Überzahl der Leute für *Ja* gestimmt haben soll. Sie sahen jedenfalls nicht so aus. Für was hast du gestimmt?«

Tristan zuckte mit den Schultern. »Also ich habe tatsächlich für *Ja* gestimmt. Mir fällt zumindest keine bessere Lösung ein, wie wir uns einschmuggeln und das Programm zerstören könnten.«

»Hast du dir mal selbst zugehört? Du hörst dich an wie ich vor einiger Zeit. Total blind und der festen Überzeugung, das Richtige zu tun.«

Einen Moment wirkte Tristan, als hätte Paul ihn tatsächlich aus der Fassung gebracht, und grübelte. »Das stimmt, es kommt so rüber. Aber das hier ist was anderes.«

»Ist es nicht, das ist ja das Problem. Pass auf. Charlie und ich haben mit Sicherheit für *Nein* gestimmt. Cordula und du für *Ja*. Zwei gegen Zwei. Bleiben noch acht Menschen übrig, wenn ich richtig gezählt habe. Das heißt, mindestens weitere fünf müssten dafür gewesen sein. Denkst du das wirklich?«

»Hm … Könnte sein, die Chance steht fünzig-fünzig, würde ich sagen.« Nachdenklich nahm Tristan seine Pulloverkordel in die Hand und drehte sie zwischen den Fingern.

»Ist Cordula in ihr Zimmer gegangen?«

Tristan nickte skeptisch. »Ist sie. Wieso?«

Meine Güte, ist der Kerl manchmal schwer von Begriff. »Kannst du sie einen Moment rausholen und die Tür irgendwie für mich offen lassen? Ich würde mir gern mal ihr RD ansehen.«

Tristan sah ihn an, als wäre er wahnsinnig. »Paul … denkst du nicht, es wäre besser, wenn wir erst mal mit ihr reden?«

»Bist du irre?« Er tippte sich an die Stirn, um seine Aussage zu verdeutlichen. »Damit sie vorher alles ändern kann? Sag mal, seit wann bist du so verweichlicht? Verwandeln deine Gefühle für Charlie dein Hirn zu Brei?« Paul grinste und Tristan trat unangenehm berührt von einem Bein aufs andere.

»Meine … Ach, Quatsch! Ich bin nur vorsichtig, was Zweifel an Cordula angeht, immerhin war ich hier bisher gut aufgehoben. Ich hab keine Gefühle für Charlie. Und wenn, dann käme es mir äußerst unangebracht vor, in Anwesenheit von Marvins Körper darüber zu sprechen.« Tristan wedelte mit der Hand in seine Richtung. »Verstehst du?«

»Okay, alles klar.« Paul zwinkerte. »Also, kriegst du es hin?«

Nach einem lauten Seufzen erwiderte Tristan: »Ja. In Ordnung. Aber lass dich nicht erwischen, klar?«

»Klar.«

»Gib mir fünf Minuten.« Mit diesen Worten huschte Tristan aus Pauls neuer Unterkunft und kurz darauf war ein Klopfen an Cordulas Tür zu vernehmen. Danach hörte Paul ihre gedämpften Stimmen und dann Schritte, die sich entfernten. Jetzt war es so weit: Er hatte freie Bahn.

Paul schlich sich aus dem Zimmer, versicherte sich, dass er nicht beobachtet wurde, und schlüpfte durch Cordulas Tür, die nicht verschlossen war. Ein kleines Magnetboard klemmte zwischen der Tür und dem Schloss. Er wusste nicht, wie Tristan das unauffällig vollbracht hatte, zog die Tür aber dankbar hinter sich zu.

Cordulas Raum war nur wenig größer als seiner. Er war wie alle anderen Zimmer spartanisch eingerichtet – nur dass sie einen extra Schreibtisch besaß, auf dem zu seiner Erleichterung ihr RD bereitlag. Paul eilte zu dem Gerät und wischte mit dem Finger über das Display. Es wurde die Mindmap angezeigt, die war vermutlich das Letzte, das sie geöffnet hatte. Mit einer Wischbewegung ließ er sie verschwinden und fand das Abstimmungsergebnis darunter.

Scheiß drauf, ich brauche Gewissheit, dachte Paul und klickte sich rückwärts durch die Abstimmung. Das heißt, er wollte sich durchklicken. Jedoch stellte er fest, dass es sich bei dem Abstimmungsergebnis um einen reinen Screenshot handelte. Er schloss ihn, klickte abermals rückwärts und wollte die Stimmen selbst auszählen, als er ein Geräusch hörte.

Scheiße.

Hastig suchte und öffnete er den Screenshot der Abstimmung, um alles so zu hinterlassen, wie es vorher gewesen war, und legte das RD wieder auf dem Schreibtisch ab. Schnell hastete er zur Tür und öffnete sie.

Vor ihm stand Cordula und blinzelte ihn erstaunt an, ehe sie die Augen zusammenkniff. »Was machst du in meinem Zimmer?«, fragte sie.

Tristan stand neben Cordula und ihm wich alle Farbe aus dem Gesicht.

»Ich … bin gerade hier gelandet, weil ich in in die falsche Richtung gelaufen bin, sorry. Ich wollte zur Toilette, wo ist die noch mal?« Mit suchendem Blick sah er im Flur hin und her, ehe er Cordula entschuldigend anlächelte.

Er konnte förmlich sehen, wie Tristan innerlich die Hände über dem Kopf zusammenschlug. Ja, es war eine lahme Ausrede. Aber eine bessere gab es so spontan nicht. Um sie zu untermauern, trippelte er nervös von einem Bein aufs andere, als müsste er eilig, und sagte: »Es wäre dringend.«

Cordula wirkte noch immer skeptisch, deutete aber in die entgegengesetzte Richtung. »Da lang. Ganz hinten.«

Paul stürmte davon und atmete erst wieder aus, als er die Toilette erreichte und sich eingesperrt hatte.

Ein erbärmlicher Gestank stieg ihm in die Nase und er unterdrückte ein Würgen, als er den Blick zur Toilette wandte. Neben ihr hing eine elektronische Tafel, auf der stand: *Bitte nach der Benutzung den Rindenmulch im Eimer verwenden.*

Das hatte der Letzte wohl vergessen. Er nahm anstandshalber die Schaufel und kippte eine Ladung Rindenmulch in die Komposttoilette. Außerdem versprühte er eine halbe Dose des danebenstehenden Rosenduft-Raumsprays. *Riecht wie Scheiße mit Rosen, das ist auch nicht besser,* dachte er, ehe er in Windeseile das stille Örtchen verließ.

Fast wäre er in Tristan gerannt, der bereits auf ihn wartete und ihn mit einem gezischten: »Bist du bescheuert?«, begrüßte.

Paul wusste, dass seine Aktion dämlich gewesen war, zuckte aber nur mit den Achseln. »Was hätte ich denn deiner Meinung nach sagen sollen?«

Darauf wusste auch Tristan keine Antwort.

Auf dem Weg zu Pauls Zimmer huschte Marion eilig an den beiden vorbei und blieb kurz stehen. »Na, gut eingelebt? Entschuldige noch mal mein leicht überrumpelndes Vorgehen, aber ich wollte nichts riskieren.« Sie machte ein entschuldigendes Gesicht.

Leicht überrumpelt? So konnte man es wohl nennen. »Schon gut ... ich wäre aber auch so mitgekommen. Ich dachte nur, was ist das für ...«

»Sorry, ich muss zur Arbeit, keine Zeit!« Sie zwinkerte ihm noch einmal zu und eilte davon.

Achselzuckend ging Paul weiter in sein Zimmer und Tristan folgte ihm.

»Meinst du, Cordula hat was gemerkt?«, fragte Paul, nun doch besorgt.

»Sie war wirklich, wirklich misstrauisch. Aber ich glaube, nein. Sofern du deine Spuren gut genug verwischt hast, glaubt sie dir vielleicht sogar, dass du pinkeln musstest. Was hast du rausgefunden?«

Tristan setzte sich neben Paul aufs Bett, der sich eben schon dort niedergelassen hatte und gerade seine müden Füße von den Schuhen befreite.

»Ich hatte recht«, sagte er. »Die Abstimmung war gefaked.«

Tristan seufzte. »Gut, das ist zwar scheiße, aber deshalb muss sie noch lange nichts Böses im Schilde führen. Vielleicht will sie einfach nur, dass es auf jeden Fall klappt. Dass es so sicher wie möglich ist, dass das Programm zerstört wird.«

»Ja, das mag sein. Aber lass uns vorsichtig sein. Außerdem glaube ich, dass wir einen Weg finden werden, das Programm zu zerstören, ohne dafür im Gehirn einer unschuldigen Person herumzupfuschen.«

»Ach ja? Und wie willst du das anstellen?« Neugier und Argwohn lagen in Tristans Blick, doch Paul war von seiner Idee bereits überzeugt.

»Mir ist gerade was eingefallen …«

Kapitel 11

Josi, Bunker FreeMinds, 2075

»Scheißding!«

Wütend stand Josi auf und ging in ihrem Zimmer auf und ab. Es klappte beim besten Willen nicht. Das dämliche Programm hatte irgendeinen Selbstschutz, es ließ sich nicht ändern, wie von Cordula gewünscht.

In einem weiteren kleinen Wutanfall nahm sie das RD und warf es gegen die Wand. Es prallte daran ab und landete unbeschadet auf dem dreckigen Betonfußboden.

Sie ging weiter auf und ab. Es nützte alles nichts, sie kam nicht vorwärts mit dem Einbau der Spezialfunktionen, die Cordula haben wollte. Eine Möglichkeit gab es. Dabei würde sie das Programm allerdings so sehr beschädigen, dass sie nicht dafür garantieren konnte, ob es nicht jemandem das Hirn explodieren lassen würde.

»Verflucht noch mal!«

Warum hatte man sie auch mit dieser Aufgabe betraut? Sie war Hackerin und keine Gehirnspezialistin. Hallo? Das war ein Unterschied! Und es konnte gefährlich werden, was die Manipulation eines bereits Gelöschten anging.

Josi stapfte entschlossen zu Cordulas Zimmer und klopfte. Kurz danach öffnete Cordula auch schon die Tür und ging einen Schritt beiseite, sodass Josi eintreten konnte.

»Was ist los? Du siehst genervt aus«, merkte Cordula an.

Josi atmete tief ein und stieß dann wütend aus: »Dieses Scheißprogramm lässt sich nicht von mir manipulieren. Egal, was ich tue – es klappt nicht. Eine Option würde es geben, aber damit töte ich wahrscheinlich eine Million Hirnzellen bei demjenigen, bei dem du es anwenden willst.«

Sie ließ die Schultern sinken. Versagen war nicht ihre Stärke.

Cordula sah nachdenklich aus, als sie sich auf den Stuhl an ihrem kleinen Schreibtisch fallen ließ. »Hm …«, machte sie. »Dann bleibt uns nur noch Zoe. Sie weiß alles über das Programm, sie hat es erfunden und muss es uns umschreiben.«

»Wie willst du das anstellen?« Josi verschränkte die Arme. »Du weißt doch nicht mal, ob sie mit uns zusammenarbeiten will.«

Cordulas Augenbrauen zogen sich zusammen. »Hast du einen besseren Vorschlag?«

Josi seufzte. »Gut, wie lautet der Plan?«

Kapitel 12

Zoe, Diakonie Himmelspforte, 2075

»Was war das?« Natalie donnerte mit der Faust auf den Tisch und sah sie aus zusammengekniffenen Augen an.

Zoe zuckte zusammen, fasste sich jedoch schnell wieder. Obwohl sie spürte, wie ihr Herz raste und Schweißperlen sich auf ihrer Stirn bildeten, versuchte sie, gelassen zu wirken. Sie zuckte provokant mit den Schultern. »Wessen Hirn wurde denn hier geschädigt?« Zoe lehnte sich zurück, verschränkte die Arme und wartete angespannt auf ihre Strafe. Auf den deftigen Stromschlag, der mit Sicherheit folgen würde.

Doch Natalie bestrafte sie nicht.

Sie ignorierte Zoes Provokation, stand gemächlich auf und umkreiste Zoe langsam, ohne sie aus den Augen zu lassen.

Zoe spannte sich noch mehr an. Sie traute dem Braten nicht.

Als ein »Dumdidum« aus dem Lüftungsschacht drang, lächelte Natalie honigsüß. »Ach, so ist das ... den Gesang kenne ich doch. Du vertreibst dir die Zeit mit dem wirren Professor? Wie niedlich. Was willst du damit erreichen, hm? Der kann dir auch nicht weiterhelfen.«

Zoe unterdrückte ein Zittern. Natalie würde allein schon aus reiner Boshaftigkeit die Verbindung zum Professor kappen – und damit auch die zu Marvin.

Kritisch beäugte Natalie die kleine Lüftungsöffnung. »Soso ...« Sie klackerte auf ihren übertrieben hohen Absätzen zur Tür, öffnete sie und sprach kurz mit dem Wachmann. Der ging daraufhin nickend davon.

Natalie lächelte und Zoe starrte ausdruckslos zurück. So verharrten sie für Sekunden, bis der Wachmann mit einem kleinen, länglichen Gerät in der Hand zurückkam.

Er trat in den Raum, visierte die Lüftung an und tat etwas, das Zoe nicht genau sehen konnte, sodass der nächste Gesang von Jacobs zu einem »Dumdid…« abgeschnitten wurde.

Es hatte maximal eine Sekunde gedauert.

Dann verließ er Natalie und Zoe wortlos und schloss die Tür hinter sich.

Es war vorbei, so viel war klar. Er hatte die Verbindung gekappt. Zoe ahnte, dass sie ohne so ein spezielles Gerät, wie der Wachmann es gehabt hatte, keine Chance haben würde, die Verbindung wiederherzustellen.

»So, wo waren wir stehen geblieben?« Natalie setzte sich wieder und schnappte sich ihre Gabel, um weiterzuessen, als ob nichts gewesen wäre. »Iss, Zoe. Du bist zu dünn.«

Ein Fremder hätte ihr die sorgenvolle Masche vielleicht abgenommen, aber Zoe wusste es leider besser.

»Warum willst du, dass ich esse? Warum lässt du mich nicht einfach hungern? Oder bringst mich um? Hältst du mich möglichst lange am Leben, um mich zu quälen?« Zoe schluckte.

Natalie sah kurz auf und aß weiter, ohne zu antworten.

»Es tut mir leid«, versuchte Zoe es. »Ist es das, was du hören willst? Ich habe doch nicht gewusst, dass du dich zurückgesetzt fühlst, das wollte ich nie. Du warst meine Freundin. Vielleicht könntest du es wieder werden …«

Natalie lehnte sich zurück und legte die Gabel neben das Essenspaket. »Iss!«, sagte sie ausdruckslos und tupfte sich mit einer Stoffserviette den Mund ab.

»Nein. Nicht, bevor ich von dir erfahre, wieso.«

Natalies Augen verengten sich zu einem schmalen Schlitz. »Du wirst es noch früh genug erfahren. Jetzt iss!«

»Nein«, sagte Zoe in festem Ton. Wenn sie für Natalie aus irgendeinem Grund so wichtig war, würde sie ab jetzt in einen Hungerstreik treten. Es war die einzige Möglichkeit, Natalie nicht noch zu helfen, bei was auch immer sie vorhatte.

Zoe nahm ihr eigenes Essenspaket in die Hand, balancierte es in der Luft und beobachtete Natalies Reaktion. Vielleicht musste sie ihre ehemalige Freundin aus der Reserve locken, sie so richtig wütend machen, damit sie mit ihren Plänen herausplatzte? Da bestand wahrscheinlich keine Chance. Aber ihr selbst würde es guttun, ihr auf irgendeine Weise zu trotzen, egal, wie lächerlich es sein mochte.

Zoe drehte langsam die Hand um, sodass das Essenspaket auf den Boden klatschte und die Bratensoße Sprenkel auf den Stuhl- und Tischbeinen verteilte.

Natalie saß wie erstarrt da, ihr Blick ging ins Leere. Ihre Hand fuhr zu ihrer Kette mit dem Anhänger und umschlang ihn so fest, dass ihre Fingerknöchel weiß hervortraten.

Dann stand sie auf und verließ zu Zoes Erstaunen kommentarlos den Raum.

Das machte keinen Sinn. Egal, was Zoe tat, Natalie folgte keinem Muster. Sie wurde nicht wütend, wenn Zoe sie provozierte – verpasste ihr aber einen Schlag, wenn Zoe nicht damit rechnete. Sie hasste sie, aber behandelte sie verhältnismäßig gut.

Will sie mich brechen? Verwirren, bis ich gar nichts mehr weiß? Warum löscht sie mich nicht einfach? Ich verstehe es nicht ...

Die Tür ging auf und ein Mann, der aussah wie ein Pfleger, eilte hinein und schloss hinter sich ab.

Zoes Herz klopfte schneller, als sie beobachtete, wie der Mann mit den dunklen kurzen Locken an der Tür stand und lauschte. Seine Hand hielt er dabei von sich weg, in Zoes Richtung, als wollte er ihr sagen, sie solle still sein. Wer war dieser Typ? Kam jetzt doch die erwartete Strafe? Aber wieso lauschte er dann erst, wenn Natalie ihn geschickt hatte? Warum sperrte er sie ein? Und warum legte er Wert darauf, ungestört zu sein? Sollte er sie vielleicht töten und andere Mitarbeiter sollten es nicht mitbekommen?

Er drehte den Kopf zu ihr, ließ die Hand sinken und kam näher. Schritt für Schritt.

Zoe wich ängstlich zurück, bis sie mit dem Rücken gegen die Wand hinter sich stieß – sie konnte nicht weiter.

Nun stand er direkt vor ihr – und drückte ihr etwas in die Hand.

»Was ...?« Irritiert nahm sie es entgegen und schloss die Finger darum. Es war klein, kalt und rund. Vielleicht ein Chip? Was wollte dieser Kerl von ihr?

»Ich habe keine Zeit, viel zu erklären. Andere und ich, wir nennen uns FreeMinds, wir wollen dich hier rausbringen. Heute Abend. Halt das an die Fußfessel mit dem Strom, aber erst kurz bevor du gehst. Das ist wichtig. Dann halte es an die Tür und gehe links, fahr mit dem Fahrstuhl runter und biege gleich wieder links ab. In dem Raum befindet sich Kleidung für dich. Und dann musst du ...«

Ein Rumpeln ließ ihn verstummen. Jemand stand im Flur und würde sicher gleich die Tür öffnen, die dieser Typ, der Pfleger oder sonst was war, verschlossen hatte. Er flüsterte: »Einfach immer links halten! Wir sind, wer wir sind«, drehte sich um und hastete unerwartet schnell zur Tür. Während Zoe noch immer nicht wusste, wie ihr geschah, öffnete er sie und ließ den Mann von der Security hinein.

»Was machst du da drin, Tommy?«, knurrte der Typ in der schwarzen Uniform.

»Fußfesseln wegen 'ner kurzen Störung des Funksignals gecheckt. Alles wieder in Ordnung«, sagte der Pfleger und verschwand eilig in den Gängen.

Der Securitymann warf noch einen kritischen Blick zu Zoes Fuß und schloss die Tür wieder.

Zoe beugte sich nach vorn, stützte sich auf ihren Knien ab und atmete laut aus. Was war das denn gewesen?

Langsam richtete sie sich wieder auf und öffnete ihre Hand, die noch immer den Gegenstand umklammerte, den sie bekommen hatte. Ja, es war wirklich ein Chip. Er wollte sie hier herausbringen, hatte er gesagt. Konnte das wirklich sein? War das ihre Chance?

Sie zögerte. Warum hatte er geflüstert: »Wir sind, wer wir sind«? Vielleicht war der Typ auch nur verrückt? Oder hatte das eine Bedeutung, die sie verstehen sollte? Vielleicht war es auch ein Test …? Ein neues Spiel von Natalie?

Was soll schon passieren … ich sitze hier fest, abgeschottet von allem, hilflos ausgeliefert. Es kann doch gar nicht schlimmer werden.

Bis die Nacht hereinbrach, würde sie noch warten – und dann würde sie es versuchen.

Kapitel 13

Paul, wenige Jahre zuvor bei Better Life

»Sie wissen, wie's läuft. Schnappen Sie sich die Akten und sehen Sie zu, dass Sie den Job erledigen.« Grewe deutete vor sich auf den Tisch, fuchtelte ein Mal mit der Hand und wandte den Blick wieder zu seinem RD. Typisch Grewe. Das hieß mit anderen Worten: Das Gespräch ist beendet, hau ab.

»Jepp.«

Paul stand auf, nahm die beiden Akten und verließ das Büro. Kurz nickte er noch der Möllmann zu, die grimmig auf ihr RD starrte und so tat, als hätte sie ihn nicht gesehen.

Er trat auf den Flur hinaus und bemerkte einen Zettel zwischen den Akten. Wahrscheinlich war er aus einer der beiden Akten gerutscht. Er faltete den Zettel zusammen und steckte ihn in die Hosentasche, damit er nicht noch einmal herausrutschen konnte. Direkt danach hörte er die Tür hinter sich und ein strenges »Halt!« von Grewe.

»Hm?« Paul drehte sich um und schon riss Grewe ihm die Akten wieder aus der Hand. »Ich muss eben was kontrollieren.«

Er blätterte ausführlich in den Papieren, drehte sie in seinen Händen, fluchte laut und gab sie Paul zurück. Dann entfernte er sich und murmelte etwas vor sich hin.

Was hatte er gesucht? Etwa den Zettel, den Paul eingesteckt hatte? Jetzt war Paul gleich doppelt neugierig, beherrschte sich aber mit dem Nachschauen, bis er zu Hause angekommen war.

Dort holte Paul das Papier aus der Hosentasche und faltete es auf. Darauf waren eine Reihe Daten notiert, die ihm nichts sagten. Aber sie schienen wichtig zu sein. Und da man nie wissen konnte, steckte er das Blatt zurück in die Akten, um es später in seinem Auto Stella zu verstecken – so, wie er es immer tat. Er wusste nicht genau, warum er das so machte. Es war wie ein Zwang, wie eine Besessenheit. Wie eine innere Stimme, die ihm sagte, dass er irgendetwas vergessen hatte, irgendetwas wiederbeschaffen musste, und sich verzweifelt an alles krallte, das sie bekommen konnte.

∞

Paul, Bunker FreeMinds, 2075

Heute wusste er, wozu es gut gewesen war.
»Und du glaubst wirklich, es handelt sich um Zugangscodes für das Gebäude oder bestimmte Räume?«, fragte Tristan skeptisch. »Du musst auch bedenken, dass sich Better Life mehr oder weniger in die Diakonie verlagert hat … zumindest ist Natalie fast nur noch dort.«

»Sie waren auf jeden Fall sehr wichtig. Ich habe nur keine Ahnung, wo Stella ist, um es nachzuprüfen.«

»Das kriegen wir raus …« Tristan grübelte. »Wir könnten Josi fragen. Sie ist etwas eigen, aber sie kann gut hacken und hat super Connections. Vielleicht findet sie raus, wo Stella ist. Dafür müsste sie allerdings außerhalb des Bunkers sein. Es ist also nicht in ein paar Minuten erledigt, aber allzu lange sollte es auch nicht dauern.«

Paul nickte. »Gut. Dann probier dein Glück und ich sage dir dann, wo die Akten versteckt sind.«

»Jepp. Josi kriegt das schon hin. Ich brauche deine alte ID, die, mit der du Stella angemeldet hattest.« Tristan holte sein RD heraus und hielt es Paul unter die Nase.

»Ein Glück bin ich Superbrain, und das, obwohl wie verrückt in meinem Gehirn herummanipuliert wurde …« Paul tippte seine ehemalige ID in das RD und gab es Tristan zurück.

Der sagte: »So, jetzt heißt es warten. Ruh dich ne Runde aus«, und verschwand in den Fluren des Bunkers.

Obwohl Paul innerlich aufgewühlt war, vermutlich zu aufgewühlt, um zu schlafen, legte er sich auf das Bett und schloss die Augen. Er dachte an Charlie, die sicher immer Marvin in ihm sehen würde. Und an Marvin, der seit einiger Zeit verschwunden war. Was würde aus ihnen werden, wenn das Programm zerstört war? Würden sie einen erbitterten Kampf um den Körper führen müssen? Würde er sterben …?

Paul kam sich blöd vor, dennoch flüsterte er: »Marvin?«

Es kam keine Antwort.

Kapitel 14

Charlie, Bunker FreeMinds, Anfang 2075

Charlie war froh, als die Besprechung vorbei war und sie sich endlich zurückziehen konnte, um den Schock zu verdauen. Sie lag auf ihrem Bett und drückte ihr Gesicht in das Kissen. Sollte jemand sie stören, würde er sie wenigstens nicht weinen sehen.

Marvin war da ... und doch nicht da. Warum? Warum musste das ausgerechnet ihr und Marvin passieren, wo sie sich doch gerade erst wiedergefunden hatten? Das war so unfair! Und alles nur wegen dieser machtgeilen Firma und dieser schrecklichen Natalie. Sie drehte ihr Gesicht zur Seite und trocknete ihre Tränen mit einer Ecke der Bettdecke.

Vielleicht gab es noch Hoffnung. Sie musste jetzt stark sein, auch wenn sie Angst hatte, ihn wiederzusehen. Seine ... Hülle. Denn es war zwar Marvins Körper, aber das war auch das Einzige, was an ihn erinnerte. Die Gestik, die Mimik und die Ausdrucksweise – alles war anders, stellte sie jetzt fest.

Würde sie Marvin überhaupt zurückbekommen?

Und warum wanderten ihre Gedanken zwischendurch immer wieder zu Tristan, den sie erst so kurz kannte? Das war doch absurd! Andererseits lag es vielleicht einfach daran, dass er sie gerettet hatte. Auch wenn ihr diese Rettung im Moment eher wie eine Entführung vorkam, immerhin stand es ihr nicht frei, zu gehen. Entsprangen ihre Gedanken an Tristan vielleicht einer Art Stockholm-Syndrom? Oder lag es an … Amy? Sie verwarf den Gedanken.

Wie lange lag sie jetzt hier und weinte? Und wie lange drehten sich ihre Gedanken schon im Kreis?

Charlie stand auf und beschloss, den Bunker nochmals zu erkunden, da sie so oder so keine Ruhe finden würde. Sie zupfte kurz an sich herum, überprüfte ihre gut heilende Wunde am Bauch, die schon etwas weniger schmerzte, und entfernte die Wundkompresse. Dann öffnete sie die Tür und trat in den Gang hinaus. Fast wäre sie in das drahtige junge Mädchen gerannt, das ebenfalls gerade auf den Gang hinausgetreten war. Beide bleiben stehen und musterten sich einen Moment, als wüssten sie nicht genau, ob Freund oder Feind vor ihnen stand.

»Josi, richtig?«, versuchte Charlie, ein Gespräch zu beginnen.

»Richtig.« Josi sah mit zusammengekniffenen Augen zu Charlie. »Ist was Wichtiges? Oder suchst du das Klo?«

Charlie lächelte nachsichtig, auch wenn Josi unhöflich wirkte. Ein bisschen erkannte sie sich selbst in ihr wieder.

»Ehrlich gesagt komme ich einfach nicht zur Ruhe. Fällt dir hier nicht manchmal die Decke auf den Kopf?«

Josis Züge entspannten sich ein wenig. Vielleicht kannte sie dieses Gefühl.

»Ja … manchmal schon. Ich will gerade in die Kantine. Kannst ja mitkommen.« Sie drehte sich um und marschierte los.

Charlie folgte ihr. Sie schätzte, dass das für Josi ein mehr als freundliches Angebot war und sagte: »Gerne. Hunger habe ich zwar nicht, aber Durst.«

Schweigend gingen sie hintereinander her, bis sie die Abzweigungen passierten und die Kantine erreichten. Josi trat als Erste ein. Sie besaß aber nicht die Freundlichkeit, die Tür aufzuhalten, sodass sie wieder zufiel und Charlie gegen die Nase donnerte.

»Aua!« Sie hielt sich die Hände vors Gesicht und atmete zischend ein. Schmerz breitete sich aus und ob sie wollte oder nicht, liefen ihr Tränen die Wange hinab.

»O Gott, sorry!«, rief Josi, die die Tür wieder aufgerissen hatte und sich nun vor Charlie hockte. »Das wollte ich nicht!«

»Schon okay«, näselte Charlie.

»Die Tränen sagen was anderes …« Josi suchte nach einer Serviette, fand schließlich eine und streckte sie Charlie hin. »Hier.«

»Danke.« Zögernd stemmte sich Charlie mit einer Hand hoch und setzte sich auf einen der Stühle. Sie drückte die Serviette unter die vor Schmerz pochende Nase und versuchte, ruhig ein- und auszuatmen.

»Geht's wieder?«, fragte Josi, die für ihre Verhältnisse sichtlich beschämt wirkte, was sie freundlicher erscheinen ließ als sonst.

»Ja, geht, danke. Mach dir ruhig was zu essen, ich warte noch einen Moment.«

»Kann ich nachvollziehen …«, murmelte Josi und wühlte in den Essenspaketen.

Der Schmerz ließ langsam nach und Charlie sah sich um. Die leeren Essenspakete von vorher, als sie mit Tristan hier gewesen war, lagen noch immer in dem Müllkarton.

Das altmodische Telefon des Bunkers klingelte. Josi rollte mit den Augen und hielt sich das Gerät ans Ohr. »Ja? … Ich bin in der Kantine … Nö. Ich hab Hunger. Komm du doch her.« Damit hängte sie den Hörer wieder auf.

»Was ist los?«, fragte Charlie.

»Tristan will irgendwas. Keine Ahnung, was. Ich hab erst mal Hunger.« Josi entschied sich ohne lange zu überlegen für eines der Pakete und schob es in den Zubereiter.

Charlie sah an sich herunter. Blut aus ihrer Nase war auf ihr Shirt getropft, aber dank der Nano-Beschichtung perlte es einfach ab, wodurch es quasi nicht mehr sichtbar war. Vorsichtig befühlte sie ihre Nase und stellte fest, dass diese dafür *sehr* sichtbar war. *Mist!*

»Gibt es hier irgendwas zum Kühlen?«, fragte sie an Josi gewandt. Josi überlegte kurz, ging dann zum Wasserspender und befeuchtete mehrere Stoffservietten, die sie Charlie reichte. »Hier. Was Besseres gibt's nicht.«

Behutsam legte Charlie die Servietten auf die Nase und gab einen leisen Seufzer von sich. Die Kälte tat gut.

»Wie bist du zu FreeMinds gekommen?«, fragte sie.

»Über Cordula.« Der Zubereiter piepte, Josi entnahm das Paket, setzte sich, riss es auf und schlang Bissen um Bissen in sich hinein, als hätte sie tagelang nichts gegessen. Wie es aussah, wollte sie nicht weiter darüber sprechen. Oder sie war einfach nur zu hungrig.

»Da bist du ja.«

Charlie drehte sich herum und sah, wie sich Tristans ungeduldiger Blick in einen erschrockenen verwandelte.

»Was ist denn mit dir passiert?«, fragte er, kam näher und betrachtete ihre vermutlich auf das Doppelte angeschwollene Nase.

»Ähm, ich war auf Kollisionskurs mit der Tür. Nicht weiter schlimm«, winkte sie ab.

»Das sieht aber schlimm aus«, sagte er mit sorgenvoll gerunzelter Stirn.

Super. Genau das möchte man von einem attraktiven Mann hören. Nun denke ich schon wieder über Tristan nach. Man könnte meinen, ich hätte keine wichtigeren Probleme.

Josi beobachtete die beiden kauend. Wie konnte sie nur so desinteressiert wirken, obwohl sie Charlie direkt ansah?

Charlie räusperte sich und schlug die Beine übereinander, während Tristan sich mit noch immer sorgenvollem Blick zu ihnen setzte.

»Wasch gibtsch denn?«, nuschelte Josi, wobei ihr ein Reiskorn aus dem Mund flog, was sie mit einem »*Ups*« quittierte.

»Ich habe gerade mit Pa… Marvin geredet. Er hat ein paar Unterlagen, Akten aus Papier. Und irgendeinen Zettel mit Codes, die uns nützlich sein könnten. Oder anders: Er hätte ein paar Unterlagen, wenn er wüsste, wo sein altes Auto ist. Das Auto, das er hatte, als er noch für Better Life gearbeitet hat.«

»Soll ich irgendetwas hacken oder was?« Josi rülpste leise und lehnte sich zurück.

Tristan verzog angewidert das Gesicht und Charlie kicherte in sich hinein, während sie weiter ihre Nase kühlte. Sie fühlte sich immerhin an, als sei sie nicht gebrochen und als würde sie bald wieder normalere Ausmaße annehmen.

»Kannst du rausfinden, wo sein altes Auto ist?«

»Kinderspiel. Hast du die ID?« Mit dem Ärmel wischte sie sich über den Mund und lehnte sich sichtlich zufrieden zurück.

Tristan hielt ihr das RD hin. »Habe ich. Problem: Die ID ist nicht mehr aktuell. Lässt sich da trotzdem was machen?«

Sie nahm das RD und sah sich die Zahlen an. »Kommt darauf an. Ich werde es versuchen. Gib mir eine Stunde, dann kann ich dir genauere Infos geben.« Damit stand sie auf und verließ, geschäftig auf Tristans RD starrend, die Kantine.

Tristan sah Charlie an, erriet ihre Gedanken und zuckte mit den Schultern. »So ist sie eben.«

Die nassen, kalten Servietten waren inzwischen warm geworden. Charlie hielt sie nur noch vor das Gesicht, damit Tristan ihren roten, geschwollenen Zinken nicht weiter anstarren konnte.

»Geht es wieder?«, fragte er.

Charlie hielt standhaft die Serviette vor ihr Gesicht. »Ich weiß nicht.« Sie fasste sachte darunter, an ihre Nase. Es pochte zumindest nicht mehr. »Ich denke schon.«

»Du kannst die Serviette ruhig runternehmen, Charlie. Du siehst gut aus.«

Belustigt lächelte sie. War das nicht irgendwie typisch Mann? Sie hätte wetten können, dass er einfach nicht damit rechnete, wie furchtbar ihre Nase wirklich aussah und ihr nur deshalb dieses Kompliment machte.

Seine Augen weiteten sich, als er ihren Blick sah. Er deutete ihn wohl anders und sagte: »Entschuldige. Das sollte keine blöde Anmache werden.« Er stand auf und zeigte hinter sich. »Ich werd dann mal …«

»Bleib noch!« Nun war es Charlie, die sich über sich selbst wunderte. Natürlich wusste sie, dass sie ihn hierbehalten wollte. Aber laut aussprechen hatte sie es nicht wollen. »Ich … ich möchte nicht so gerne alleine sein.«

Einen kurzen Moment zögerte Tristan, dann setzte er sich wieder. »Klar.«

Jetzt war er da. Dieser unangenehme Moment des Schweigens. Die Anspannung zwischen ihnen war beinahe greifbar und Charlie überlegte krampfhaft, wie sie die Stimmung auflockern konnte. Normalerweise war sie nicht der Typ, der eingeschüchtert schwieg. Deshalb hatte sie auch keinerlei Ahnung, wie sie das Gespräch hätte auflockern können. Nervös stand sie auf, suchte eine neue Serviette, befeuchtete sie mit kaltem Wasser, setzt sich wieder hin und tupfte auf ihrer Nase herum.

»Sieht schon wieder viel besser aus«, wiederholte Tristan, offensichtlich ebenfalls nervös.

Plötzlich ging das Licht aus und sie saßen im Dunkeln.

»Scheiße!«, fluchte Tristan und sprang auf, zumindest hörte es sich so an.

Charlies Hand suchte bei dem Versuch, aufzustehen, hektisch einen Halt am Tisch und fand stattdessen Tristans Hand. »Was ist los?«, fragte sie und umklammerte ängstlich seine Finger.

Er erwiderte ihre Geste mit leichtem Druck und sie stand ebenfalls auf. »Stromausfall«, sagte er. »Das ist der Worst Case. Das hätte gar nicht passieren dürfen! Dieser dämliche Bunker ist dermaßen alt … Wir müssen sofort die Notstromversorgung per Hand einschalten, bevor die Firewall den ganzen restlichen Strom verbraucht hat und wir ungeschützt sind. Komm!«

Er zog sie hinter sich her und sie stolperten in den Flur.

»Die Firewall wird ausgehen?«, keuchte sie. »Dann kann Better Life uns orten?«

»Ja. Sie hält ohne direkte Stromversorgung nur etwa fünf Minuten, an einer Art Mini-Notfallversorgung, die wir für den schlimmsten Fall angeschlossen haben. Die Firewall verbraucht Unmengen an Saft.«

Charlie, die Tristans Hand noch immer fest umklammert hielt, sah nach oben an die Decke. Grüne Pfeile leuchteten schwach an den Wänden und wiesen den Weg. Wahrscheinlich handelte es sich um phosphoreszierende Farbe, wirkliches Licht gaben sie jedenfalls nicht ab. Es sah gespenstisch aus und Charlie erschauderte.

»Hier lang.«

Sie ließ sich von Tristan führen, der nun nach rechts abbog. »Hier geht es ja doch noch weiter!«, sagte sie erstaunt.

»Ja, aber das haben wir dir nicht gezeigt, weil es für dich nicht wichtig war. Und ... egal, jetzt ist es verdammt wichtig und ich wollte dich nicht im Dunkeln alleine sitzen lassen.«

Charlie verspürte durch die eiligen Schritte wieder leichte Schmerzen von dem Durchschuss, außerdem begann ihre Nase erneut zu pochen. Sie ignorierte es, so gut es ging, und rannte weiter Hand in Hand mit Tristan durch die spärlich in Grün beleuchteten Gänge. Zum Glück kamen sie einige Momente später, völlig außer Atem, bei der Schleusentür an, zu der Tristan wollte. Er ließ unvermittelt ihre Hand los und keuchte vor Anstrengung, als er versuchte, die Schleuse zu öffnen.

Charlie dachte nicht lange nach, sondern packte mit an, sodass die Tür sich dank vereinter Kräfte endlich mit einem lauten Quietschen öffnete.

In dem vor ihr liegenden Raum konnte sie außer dem schwachen grünen Leuchten nichts erkennen, dafür aber riechen. Ein starker Öl- und Rostgeruch schlug ihr entgegen.

Tristan schien sich hier glücklicherweise auszukennen. Vielleicht hatte er für den Notfall trainiert oder so etwas. Charlie hörte, wie es klirrte – Tristan musste eine Scheibe eingeschlagen haben – und kurz darauf schwenkte der Strahl einer leuchtenden Taschenlampe durch den Raum. Jetzt konnte sie auch das riesige Gerät sehen, das vor ihnen stand. Was genau es war, konnte sie nicht sagen. Aber es war groß, klobig und verrostet. Breite Rohre führten zur Decke und verliefen von dort durch den ganzen Bunker, das vermutete sie zumindest.

Tristan machte sich an der Maschine zu schaffen. Kurz danach ratterte und surrte sie ohrenbetäubend laut.

»Muss das so sein?«, brüllte Charlie.

»Ja«, brüllte Tristan zurück und passend zu seiner Antwort flackerte das Licht.

»Ist es nicht kaputt?«, brüllte sie wieder.

»Nein, läuft warm!«

Sie hielt sich die Ohren zu und schrie: »Okahay!«

Das Licht flackerte immer stärker und sie sah Tristan mit der Hand Richtung Tür fuchteln. Sie trat zurück auf den Gang. Er folgte ihr und schloss hinter sich die Tür. Nun senkte sich die Lautstärke auf ein erträgliches Maß, sodass Charlie die Hände von den Ohren nehmen konnte.

»Ganz schön laut, was?«, grinste Tristan. »Sorry, dass du mitkommen musstest. Aber wenn man uns orten könnte, wäre das fatal. Und ich wollte dich nicht alleine lassen. Ich hoffe, ich war überhaupt schnell genug.«

»Was, wenn nicht?«

»Darüber denken wir jetzt nicht nach.« Er zwinkerte. Charlie hörte ein Geräusch und drehte sich herum. Einer der Aktivisten kam angerannt, völlig außer Atem. »Alles in Ordnung?«, fragte er.

»Ja«, bestätigte Tristan. »Wir haben den Notstrom einge…«

Passend zu diesem Satz flackerte das Licht auf einmal heftig. Aus dem Augenwinkel sah Charlie jemanden vorbeihuschen und eilig in den anderen Gang abbiegen. Er sah aus wie einer der Securitys bei Better Life. Was, wenn Better Life so schnell gewesen war, dass bereits …

Es flackerte noch einmal und dann schaltete sich das Licht vollkommen aus, nur die phosphoreszierende Farbe tauchte die Gänge in ein schummriges Licht.

»Scheiße!«, fluchte Tristan und rannte zurück zur Schleusentür, hinter der es nun still geworden war.

Ebenfalls fluchend half der andere Mann Tristan, die Schleusentür erneut zu öffnen. »Die Kondensatoren sind zu alt«, keuchte er, während die Schleuse sich quietschend öffnete und der Mann sofort hineinrannte.

Tristan schaltete die Taschenlampe ein und reichte sie an den Mann weiter.

Charlie ergriff die Gelegenheit und zog Tristan am Ärmel ein Stück fort. »Ich habe was gesehen«, flüsterte sie. »Jemanden.«

Vermutlich verstand er nicht, was sie sagen wollte. Er sah sie nur abwartend an.

»Ein Mann in Schwarz, wie die Security bei Better Life. Wir sollten nachsehen«, drängte sie.

Sofort wurde sein Blick aufmerksamer, sofern sie es in dem Licht erkennen konnte, und er spannte sich an. »Wo?«, fragte er knapp.

»Er ist in die andere Richtung gelaufen.«

Mit einem Blick über die Schulter fragte Tristan den anderen: »Bekommst du es hin, Dan?«

Dan hantierte an der Maschine herum und sagte: »Ja, habs gleich. Dauert nur noch einen Moment, bis ich diesen alten Schrott wieder zum Laufen gebracht habe.«

Tristan nickte ihr zu. »Dann los, zeig mir, wo er langgerannt ist«, sagte er und Charlie war froh, als die Maschine hinter ihr in diesem Moment laut zu rattern begann und das Licht erneut flackerte. Dan hatte es geschafft und sie würden einen eventuellen Eindringling besser sehen können.

Gemeinsam rannten sie los.

Kapitel 15

Paul, Bunker FreeMinds, 2075

Paul schreckte hoch. Das Licht war aus. Und er merkte es erst jetzt. Wie lange lag er schon im Dunkeln?

»Was zum …«

Er schwang die Beine aus dem Bett, ging zur Tür und öffnete sie. An der Decke leuchteten grüne Pfeile – sie waren deutlich sichtbar, auch wenn sie nicht viel Licht abgaben. Stimmen drangen an sein Ohr. Er hörte Menschen durch die Gänge laufen und sein Herz pochte schneller. Was war hier los? Waren Mitarbeiter von Better Life in den Bunker eingedrungen?

»Hallo? Weiß jemand, was passiert ist?« Er tastete sich an der Wand entlang, weil seine Augen sich noch nicht an das Dämmerlicht gewöhnt hatten.

Eine männliche Stimme sagte: »Stromausfall. Das ist nicht gut, gar nicht gut …«

»Was bedeutet der Stromausfall für uns?«, fragte Paul, während er sich weiter vortastete, immer in Pfeilrichtung.

»Dass wir bald geortet werden können, wenn das Licht nicht schnell wieder angeht!«, rief die männliche Stimme und entfernte sich dabei.

Scheiße. Ich habe geahnt, dass es gefährlich wird.

Ängstlich tastete er nach dem GAB und hoffte, dass nichts passieren würde.

Acht Uhr war lange vorbei.

»Hat jemand den Notstrom im Blick?«, fragte eine weibliche Stimme.

»Ich glaube, die halbe Besatzung ist schon dort. Geh denen nicht noch zusätzlich auf den Keks, das verzögert alles nur!«, motzte jemand anderes.

Paul musste Tristan finden – er brauchte einen Notfallplan, damit Natalie ihn nicht ausschalten konnte und er die Möglichkeit haben würde, Zoe zu helfen. Eilig schob er sich an der schimpfenden Person vorbei und folgte den Pfeilen in eine Abzweigung nach rechts. Langsam wurden die Stimmen hinter ihm leiser, bis sie ganz verstummten.

Nur seinen eigenen Atem konnte er noch hören. Der modrige Geruch dieses alten Bunkers drang in seine Nase und er spürte, wie sich die kleinen Härchen an seinen Armen aufstellten. Irgendetwas stimmte nicht. Das Licht flackerte kurz.

Sein Herz schlug schneller und Paul blieb stehen, um zu lauschen. Da war nichts. Nur sein eigener Atem, der von den Wänden widerhallte.

Und das Donnern der Faust, die ihm so heftig gegen den Kopf schlug, dass er das Bewusstsein verlor.

Kapitel 16

Charlie, Bunker FreeMinds, 2075

Endlich. Das Licht war schwach und flackerte weiterhin ab und zu, aber es war ausreichend, um wieder alles sehen zu können.

Sie waren herumgerannt und hatten jede Ecke abgesucht. Von einem Menschen, der nicht hierhergehörte, gab es keine Spur. Vielleicht hatten ihre Sinne ihr einen Streich gespielt. Nichtsdestotrotz blieb die Unsicherheit darüber, ob sie bereits geortet wurden. Vor allem, da Paul mit seinem GAB hier war.

Tristan rieb sich über sein Ohr – kein Wunder, er hatte nah an der Maschine gestanden, als sie das erste Mal gestartet war. Charlie taten die Ohren ebenfalls weh, obwohl sie ein gutes Stück weiter weg gewesen war.

»Was jetzt? Wie finden wir raus, ob wir hier noch sicher sind oder ob wir flüchten müssen?«, fragte Charlie.

»Ich weiß es ehrlich gesagt nicht. Wir suchen am besten erst mal Cordula.«

Sie bogen in den Wohnbereich ab und trafen auf Josi, die außer Atem vor ihnen stehen blieb. »Was ist mit dem verdammten Strom los, Leute?«, fragte sie. »Und wo ist Cordula? Habt ihr sie gesehen?«

Charlie und Tristan warfen sich einen kurzen Blick zu. »Nein. Wir suchen sie gerade«, Tristan rieb sich über die Stirn. »Ist sie nicht im Wohnbereich?«

»Nein. Und auch in sonst keinem – oder wir sind aneinander vorbeigelaufen«, sagte Josi schulterzuckend.

»Ich sehe mal eben nach Paul, vielleicht hat er sie gesehen.« Tristan ging die paar Schritte zu Pauls Tür und klopfte, Charlie blieb neben Josi stehen.

»Paul?« Tristan drehte sich kurz zu den beiden um. »Er antwortet nicht.« Er zuckte mit den Schultern und öffnete die Tür – nur, um einen leeren Raum vorzufinden.

»Er ist nicht da«, sprach Charlie das Offensichtliche aus.

Josi hob beide Hände abwehrend in die Höhe. »Ihr braucht gar nicht fragen, euren Paul hab ich auch nicht gesehen.«

Charlie fragte sich, wo Paul sein konnte und zuckte zusammen, als sie Cordulas vorwurfsvolle Stimme hinter sich hörte. »Ich habe euch gesucht!«

»Wir dich auch.« Tristan war mit einigen schnellen Schritten bei Cordula und umarmte sie herzlich, was Charlie mit einem ungewollt eifersüchtigen Seitenblick quittierte. Was war nur mit ihr los?

Sie rang sich ein Lächeln ab und stellte dann fest, dass ihr gesamtes Verhalten unnötig war – keiner der beiden hatte sie überhaupt angesehen. Dafür allerdings Josi, die Charlie mit einem breiten Grinsen auf dem Gesicht anstarrte.

Erwischt.

Zum Glück war die peinliche Situation vorbei, als Cordula und Tristan sich aus ihrer kurzen Umarmung lösten und alle vier beieinanderstanden.

Cordula ergriff zuerst das Wort und fragte: »Wo ist Marvin Lenzen?«

»Paul, meinst du?«, fragte Charlie.

Die Farbe wich aus Cordulas Gesicht. »Paul? Nein, Tristan sagte mir, dass Paul gelöscht sei und der Ursprungsmensch, also Marvin, wieder da wäre. Tristan?« Sie sah ihn fragend an.

Er verschränkte die Arme vor der Brust und wich ihrem Blick aus, als er sagte: »Na ja, ich meine – im Prinzip kommt es auf das Gleiche heraus. Paul ist auf unserer Seite, das kann ich garantieren, und …«

»Bist du völlig bescheuert?«, donnerte Cordula. »Ich habe dir vertraut! Und du holst ausgerechnet einen Better-Life-Mitarbeiter hierher? Nur weil du denkst, dass er jetzt die Seiten gewechselt hat?«

Tristan hob hilflos die Hände. »Cordula, ich …«

Cordula holte wütend aus und gab ihm eine schallende Ohrfeige – Tristan starrte sie erschrocken an. Auch Charlie war überrascht, wie heftig Cordula reagierte.

»Spar dir das!«, brüllte Cordula. »Woher willst du denn wissen, ob er uns so wohlgesonnen ist, wie er behauptet? Vielleicht hat er sich nur hier reingeschlichen, damit er uns ausspionieren und unseren derzeitigen Aufenthaltsort weitergeben kann!«

Josi schaltete sich ein. »Wir beruhigen uns jetzt alle mal ein bisschen … Wir können das Ganze doch relativ einfach überprüfen.«

»Hä?« Cordula stand, ihrer Gesichtsfarbe nach zu urteilen, kurz vor einer erneuten Explosion. Das konnte Charlie sogar in dem Licht deutlich erkennen, das etwas schwächer war als das der Neonröhren, die vorher den Bunker ausgeleuchtet hatten.

Bevor Cordula noch einmal ausrasten konnte, sprach Josi schnell weiter. »Er hat uns einen Tipp gegeben. Es geht um

Akten und Codes. Wir müssen nur sein ehemaliges Auto ausfindig machen, in dem er sie versteckt hat, und genau das habe ich vorhin getan.«

Sie hob triumphierend ein RD in die Höhe, während Tristan erleichtert ausatmete, und setzte hinzu: »Es befindet sich auf dem Sicherstellungsgelände in der Cecilienstraße. Ich habe nur keine Ahnung, wie wir es herausholen sollen, um es zu untersuchen.«

Mit zusammengekniffenen Augen fragte Cordula: »Und was sollen das für nützliche Akten und Codes sein? Sicher, dass das keine Falle ist?«

Charlie sah zu Tristan, der sich nicht die Blöße gab, seine gerötete Wange zu befühlen. Er reckte das Kinn und sagte: »Wir wissen es nicht zu hundert Prozent, aber es könnten Zugangscodes sein. Wenn dem so wäre, muss niemand für einen Zugang zu Better Life programmiert werden.«

Cordula verschränkte die Arme. »Nein, ich bin dagegen. Viel zu gefährlich. Wir halten uns an den neuen Plan, den ich entwickelt habe. Wir brauchen Zoe, um das Programm zu ändern, und werden sie rausholen.«

Nun wurde es Charlie eindeutig zu bunt. »Ist das eine Diktatur hier?«, fragte sie aufgebracht.

Cordulas Augen weiteten sich. »Nun, kommt ganz darauf an, was du unter Diktatur verstehst. Ich würde die gemeinsamen Abstimmungen eher als Demokratie bezeichnen.«

»Das war eine rhetorische Frage«, gab Charlie zurück und fügte dann in milderem Ton hinzu: »Was ich damit sagen wollte, ist: Wie wäre es, wenn wir erneut abstimmen? Über die Frage, ob wir nun die Akten holen oder deinen Plan verfolgen, ohne das zu probieren.«

Diesmal schüttelten Tristan und Josi den Kopf.

Charlie fühlte sich vor den Kopf gestoßen. »Wieso nicht?«, fragte sie und stemmte die Hände in die Hüften.

»Wir haben keine Zeit dafür«, sagte Tristan und kam einen Schritt näher. »Wir müssen handeln. Jetzt.«

»Dem stimme ich zu«, sagte Cordula.

Charlie runzelte die Stirn. Offenbar konnte Tristan Cordula besser umstimmen, als es alle anderen zu tun vermochten. Und das, obwohl sie ihm gerade kräftig eine gepfeffert hatte.

»Also was denn jetzt?«, grummelte Josi. »Akten oder nicht?«

Cordula seufzte. »Wie lange dauert das denn?«

Alle Blicke richteten sich auf Josi.

»Bis morgen Mittag könnt's klappen.«

Jetzt richteten sich die Blicke fragend auf Cordula und Charlie musste fast lachen. Sie kam sich vor wie in einem Comic.

Cordula ließ ihr GAB die Uhrzeit anzeigen und zuckte dann mit den Schultern. »Da sie uns bis jetzt nicht erwischt haben, können wir zumindest hoffen, dass die Firewall nicht unterbrochen wurde. Morgen Mittag. Wenn ihr dann nichts habt, starten wir den ursprünglichen Plan. Bis dahin sollten wir alle in Alarmbereitschaft bleiben.« Damit drehte sie sich um, stapfte zu ihrem Zimmer und ließ die Tür mit einem ohrenbetäubenden Knall ins Schloss fallen.

»Dann beeilen wir uns besser. Ich habe eine Idee, wie wir das Ganze umsetzen könnten«, sagte Josi und begann, Charlie und Tristan den Plan zu erläutern.

Kapitel 17

Zoe, Diakonie Himmelspforte, 2075

Endlich war es Nacht. Fast die ganze Wartezeit hatte sie damit verbracht, darüber nachzudenken, warum sie niemals bemerkt hatte, dass ihre Freundin so verrückt war. Sie wusste es einfach nicht. Natalie war immer etwas überzogen gewesen, was ihr Verhalten und ihre Schminke betraf, aber nie so gemein wie jetzt, nicht einmal in Ansätzen. Eher hatte sie fürsorglich gewirkt, eben wie eine echte Freundin. Und dabei hatte die ganze Zeit der Wahnsinn in ihr geschlummert ...

Zoe hatte sich schlafend gestellt, als ihr das Abendessen gebracht wurde. Genau dasselbe hatte sie getan, als irgendeine Beautyqueen in ihr Zimmer gelatscht war und ihr eine Maniküre hatte andrehen wollen. War das wirklich Natalies Ernst?

Fast hätte sie aufgelacht, als sie das Maniküreangebot bekommen hatte. Aber sie hatte dann nur gemurmelt: »Nee, schlafe ...«, und nach zwei weiteren, erfolglosen Überredungsversuchen war die Frau endlich verschwunden.

Zoe fühlte, wie bei dem Gedanken auszubrechen, das Adrenalin durch ihre Adern schoss. Es war schon seit einer Weile dunkel und auf den Fluren war kaum etwas zu hören.

Sie versuchte sich zu erinnern. Links und wieder links war es gewesen, oder?

Leise stand sie auf und kramte den Chip aus dem Kopfkissenbezug hervor, wog das winzige Ding in ihrer Hand und betrachtete es. Mit einer entschlossenen Handbewegung hielt sie den Chip an die Fußfessel. Sie sprang auf und fiel klimpernd zu Boden. Es klappte! Zoe schöpfte vorsichtig Hoffnung, als sie noch immer erstaunt das am Boden liegende silberne Ding betrachtete, das ihr so viele Qualen bereitet hatte. Sie massierte sich das Fußgelenk mit der einen Hand und sah nachdenklich auf den Chip in ihrer anderen.

Was hatte dieser Typ gesagt? Links in den Fahrstuhl und wieder links?

Sie versteckte die Fußfessel unter der Matratze. Was dieses kleine Stück aus Draht und Metall alles bewerkstelligen konnte ...

Ihr Herz schlug schneller, als sie sich der Tür näherte und ihr Ohr daran presste, um zu lauschen. Es war nichts zu hören. Sie wagte es und hielt den Chip auf Türgriffhöhe – direkt darauf folgte ein klickendes Geräusch und die Tür sprang einen Millimeter auf. Vorsichtig vergrößerte sie den Spalt und spähte hinaus. Der Flur war beleuchtet, aber leer.

Links und wieder links war es gewesen, oder? Hatte er gesagt, in den Fahrstuhl?

Ihre Hände fühlten sich klebrig an und ihr Mund war trocken. Wenn da unten jemand auf sie warten würde ...

Nein, sie würde ganz sicher nicht so blöd sein, den Fahrstuhl zu nehmen. Ganz hinten war eine Tür, die zu einem Treppenhaus führte, das schien ihr sicherer. Zoe sah an sich herunter. So durfte sie auf keinen Fall jemand sehen, sonst würde sie sofort wieder in diesem Zimmer landen. Diese grünliche Krankenhauskleidung war schrecklich und zudem war es auffällig, dass sie barfuß herumlief.

Sie versicherte sich noch einmal, dass niemand in der Nähe war, und sprintete los. Schon im Laufen hielt sie den Chip nach vorne, um ihn an die Tür zu halten. Gott sei Dank sprang diese dank des Chips auf und Zoe zügelte sofort ihr Tempo, um keine lauten Geräusche zu verursachen. Sie schaute sich um. *Etage 3* stand auf einem metallenen Schild an der Wand. Das Treppenhaus war mit einem drahtigen orangenen Teppich ausgelegt, der an ihren Fußsohlen pikte. Der Vorteil daran war, dass sie sich darauf leise fortbewegen konnte.

Okay, sie musste runter und dann sollte es irgendwo links Kleidung geben. Sie atmete leise und schlich Stufe für Stufe hinab. Ein halbes Stockwerk hatte sie schon geschafft, da hörte sie zwei Stimmen. *Verdammt!* Sie blieb stehen und hielt die Luft an. Einen Moment hörte sie nur das Blut in ihren Adern rauschen und ihr Herz pochen, dann hörte sie wieder jemanden sprechen.

Eine Männerstimme. »… Frau Schmidt hat auch schon wieder Durchfall, einfach widerlich – wieso habe ich mir keinen anderen Job gesucht?«

Und eine Frauenstimme. »… Nun stellen Sie sich nicht so an, haha, Herr Lothar ist tausendmal schlimmer! Der hat neulich die Wände damit beschmiert … und dann hat er behauptet, er wäre es nicht gewesen!« Die Stimmen lachten und schienen von oben zu kommen. Zoe rannte so schnell und zugleich so leise, wie sie konnte, die Treppen hinunter und drosselte ihr Tempo, als sie auf den letzten Stufen ankam. Ja, von oben kamen Leute – es würde ihr aber auch nichts nützen, nun geradewegs in andere Menschen hineinzurennen. Also bewegte sie sich die letzten Stufen schleichend hinunter und schaute zeitgleich durch die Glastür, die zur zweiten Etage führte. Erneut hatte sie Glück. Der Flur wirkte wie ausgestorben.

Die Stimmen kamen immer näher. Gleich würden sie auf der halben Etage ankommen und sie entdecken.

Sie hatte keine andere Wahl, als erneut den Chip an den Scanner zu halten und in den Flur hinauszutreten. Ihr Herz hämmerte immer heftiger in ihrer Brust. Links sollte der Raum mit der Kleidung sein – wenn sie es richtig im Kopf hatte. Sie sprintete los, sichtete den Fahrstuhl und entdeckte, dass jemand gerade von Etage Drei zu Etage Zwei fuhr. So schnell sie konnte, hastete sie am Fahrstuhl vorbei und hielt den Chip an die Tür links daneben. Sie sprang auf und schloss sich mit dem *Ding* vom Fahrstuhl hinter ihr. Zoe sackte schwer atmend und mit pochendem Herzen an der Wand hinab. Wie lange hatte sie nur herumgelegen und nichts getan, dass ein kurzer Sprint sie so aus der Puste brachte? Gut, das Adrenalin tat wahrscheinlich sein Übriges. Sie hatte keine Zeit, darüber nachzudenken, sondern sah sich hastig um und zuckte zusammen, als sie feststellte, dass sie nicht allein in dem kleinen Zimmer war, das rundherum mit offenen Regalen ausgestattet war. Doch eine Sekunde später stellte sie fest, dass es sich um den Pfleger handelte, der ihr vorher den Chip gegeben hatte.

»Perfekt«, flüsterte er. »Du hast es geschafft.«

Sie stemmte sich hoch und fragte: »Wer sind Sie? Warum helfen Sie mir?«

Er drückte ihr einen Stapel Kleidung in die Hand und drehte sich um. »Ich bin Tommy und gehöre zu einer Gruppe Aktivisten, die gegen Better Life kämpfen. Du hast von mir nichts zu befürchten. Zieh dich um und dann bring ich dich hier raus.«

Sie würde sich vor diesem Typen sicherlich nicht ausziehen! Auch nicht, wenn er sich umgedreht hatte. Dennoch fand sie es sinnvoll, etwas anderes anzuziehen als diese Krankenhauskleidung, wenn sie nicht auffallen wollte. Also zog sie die Kleidung einfach drüber, was wunderbar funktionierte, da sie etwas zu groß war. Mit der dunklen Jeans und dem einfachen Hemd fühlte sie sich fast wieder wie ein normaler Mensch. In ihrer Hand hielt sie noch eine Perücke mit dunklem kurzen Haar. Sie beäugte das Haarteil skeptisch.

»Okay, Tommy. Und wie soll das funktionieren? Irgendwann müssen wir doch auf jemanden treffen, dem das auffällt, oder nicht? Ach so, und: Du kannst wieder gucken.«

Er drehte sich um und sah sie ernst an. »Natürlich könnte das passieren, ausschließen kann man das nicht. Aber hast du bemerkt, wie wenig gerade los ist? Es gibt eine wichtige Besprechung und nur die nötigsten Mitarbeiter verrichten ihren Dienst. Unsere Chancen stehen also so gut wie selten.«

Zoe schluckte und nickte. Sie würde ihm vertrauen müssen, wenn sie hier raus wollte. Alles war besser als Natalie und ihr Wahnsinn …

»Der Plan wäre folgender …« Tommy warf einen Blick auf die Uhr an der kleinen OLED-Wand neben einem Kleiderautomaten. »In etwa fünf Minuten sollte die Luft rein sein und dann gehen wir raus. Wir müssen nur das Stockwerk runterkommen und aus der Tür spazieren – Hauptsache ist, dass dich keiner sieht beziehungsweise erkennt, deshalb würde ich die an deiner Stelle aufziehen.« Er deutete auf die Perücke.

Zoe seufzte und setzte sie umständlich auf. Es war gar nicht so leicht, ihr eigenes blondes Haar unter die Perücke zu bekommen, aber letztendlich schaffte sie es.

Tommy nickte zufrieden.

»Und dann?«, fragte Zoe. »Also, wenn wir hier raus sind?«
»Dann bringe ich dich an einen sicheren Ort«, sagte er nur.

Zoe war sich nicht sicher, ob sie von diesem Fremden an einen vermeintlich sicheren Ort gebracht werden wollte. Aber eines wollte sie: hier raus. Also nickte sie, als hätte die Antwort sie zufriedengestellt, und folgte ihm in den Flur.

Sie stiegen in den Fahrstuhl und als Zoe sich im Spiegel sah, musste sie trotz der ernsten Situation fast auflachen. Die Perücke saß leicht schief und sie sah einfach nur behämmert aus. Zoe rückte ihre neue Haarpracht kurz zurecht, sodass sie wenigstens nicht mehr schief aussah und man nicht auf Anhieb bemerkte, dass es sich nicht um ihr echtes Haar handelte.

»Denk daran, ganz normal zu wirken«, sagte er eindringlich. »Wir dürfen nicht auffallen. Und guck am besten auf den Boden oder so was.«

Zoe nickte, und bei dem Gedanken, gleich auf Mitarbeiter der Diakonie zu treffen, stolperte ihr Herz und die Angst kroch ihren Nacken hinauf.

Ding.

»Bitte gehen Sie durch den Scanner.«

Sie stiegen aus. Nein, sie wollten aussteigen – hätte nicht Natalie direkt vor dem Fahrstuhl auf sie gewartet.

Kapitel 18

Paul, Diakonie Himmelspforte, 2075

»So ein Dummerchen.« Das waren die ersten Worte, die Paul hörte, als er aufwachte. Und dann spürte er einen Kniff in die Wange, öffnete mühsam die Augen und sah direkt in Natalies wahnsinniges Gesicht. Sie gackerte. »Dummes, dummes Ding«, wiederholte sie sich.

Schlampe.

Er fuhr hoch – zumindest wollte er hochfahren, doch er war festgeschnallt. Eilig nahm er die Umgebung in sich auf, um sich zu orientieren. Weiße Wände mit Stillleben als Dekoration. Medizinische Geräte, der paradoxe Geruchsmix von Desinfektionsmitteln und Urin.

Er musste wieder in der Diakonie sein.

»Wie habt ihr mich gefunden?« Er versuchte, Zeit zu schinden. Was auch immer sie vorhatte, es würde nichts Gutes sein.

»Oh Süßer. Ich weiß schon lange, wo dieser dämliche Bunker ist. Ich wollte nur eine kleine Aufnahme von deinem GAB, weißt du? Anhand der Stimmen werde ich das dreckige Aktivistenpack ausrotten können. Ich werde jeden Einzelnen finden und ausquetschen, bis er mir weitere Details verrät und so weiter.«

Vorsichtig versuchte er, an den Fesseln zu rütteln. Vergeblich. Ein Blick an sich herunter, der sich im Liegen gar nicht so einfach gestaltete, verriet ihm, dass er mit mehreren elektrischen Fixierschnallen aus Stahl auf einer Liege festgemacht worden war.

»Hast du dir schon Sorgen gemacht, dass wir dich einfach auslöschen?«, fragte Natalie in ironischem Ton und beugte sich so tief zu ihm herunter, dass er in ihren Ausschnitt hätte gucken können. Zumindest, wenn ihn das nicht so sehr angewidert hätte, dass er den Blick automatisch abwandte. Gegen den aufdringlichen Geruch ihres Parfums konnte er jedoch nichts tun.

Sie entfernte sich wieder einige Schritte und ging neben der Liege mit klackernden Schritten auf und ab. »Nein, nein, nein. Das hatten wir nie vor, dich einfach auszulöschen, mein Lieber. Wir haben ganz besondere Pläne mit dir. Dagegen ist eine Löschung gar nichts. Dein GAB war allerdings sehr nützlich.« Sie kicherte und entfernte es von seinem Handgelenk, was einen leichten Piks verursachte.

Paul spürte, wie ihm ein Schweißtropfen die Stirn hinablief. Diese Hilflosigkeit machte ihm Angst, und sie machte ihn unglaublich wütend – aber er konnte nichts tun.

»Was für Pläne denn noch, du Geistesgestörte? Hast du noch nicht genug angerichtet?«

Nun lachte sie laut auf, kam wieder näher zu ihm und fuhr mit ihrem Finger seine Brust hinab. »Oh, ich habe vor, noch viel mehr anzurichten ... du wirst übrigens gleich deine kleine Zoe wiedersehen. Und danach lernst du meine Schwester kennen. Freust du dich?«

»Was?« Er wollte ihr ins Gesicht spucken, damit sie ihre dreckigen Finger von ihm nahm, doch er wollte sie auch nicht wütender machen als nötig, also ließ er es bleiben.

Sie schnippte mit den Fingern, zwei Wachmänner kamen näher und banden ihn los. »Aber vorher werde ich noch was Schönes vorbereiten. Damit ihr es schön kuschelig habt«, sagte sie. Dann wandte sie sich an die Männer. »Bringt ihn runter, bis alles so weit ist.« Sie nickten, packten ihn am Arm und zerrten ihn in den Fahrstuhl. Paul tobte vor Wut, doch gegen zwei ausgebildete Securitymänner konnte er nichts ausrichten. Egal, ob mit oder ohne Fesseln.

Ihm wurde schwindelig, als er bemerkte, wie der Fahrstuhl abwärts fuhr. Die beiden Männer würdigten ihn keines Blickes. Nicht, als die Fahrstuhltür sich öffnete, nicht, als sie den laut protestierenden Paul in den dreckigen Keller schleiften und auch nicht, als sie ihn mit Wucht in einen der modrig riechenden, dreckigen Räume sperrten.

»Schweine!«, brüllte er ihnen hinterher, auch wenn es sinnlos war. »Ich mache euch fertig!«

Paul sah ihre Silhouetten durch das kleine Stück Gitter am oberen Ende der Tür im Fahrstuhl verschwinden.

Ihr gehässiges Lachen verhallte und plötzlich war er wieder allein. Er lehnte sich stöhnend gegen die verdreckte Wand, ließ sich daran hinabsinken und legte seinen Kopf in die Hände. Was nun? Natalie wusste von dem Versteck der Aktivisten. Sie hatte ihn nur hingeschickt, damit sein GAB irgendetwas aufnahm, wie sie behauptete. Vielleicht hatte sie sich auch nur einen perfiden Spaß erlaubt … Aber sie hatte irgendwas mit ihm vor – und auch mit Zoe, die er doch hatte retten wollen.

Jetzt, wo er entmutigt am Boden hockte, nahm er den widerlichen Gestank wahr, der sich mit dem Modergeruch mischte. Es roch ähnlich wie auf dieser Bunkertoilette – nur schlimmer.

»Lenzen?«

Die Stimme, die in seine Zelle drang, kam ihm bekannt vor. »Wer ist da?«

Einen Moment herrschte Stille. Dann kam endlich eine Antwort. »Grewe.«

Grewe war hier? Direkt neben ihm? Der Mann, der seine Geburt und gleichzeitig sein Untergang gewesen war, hockte selbst in der Zelle wie ein räudiges Tier? Pauls Mundwinkel zuckten. Das war zu absurd, um wahr zu sein! Er begann zu lachen und lachte immer heftiger, bis ihm Tränen die Wangen hinabliefen. Nach Luft japsend sagte er: »Hat Ihre eigene Tochter Sie eingesperrt? Verdient haben Sie's!« Dann korrigierte er sich, weil ihm wieder einfiel, dass Natalie von einer Schwester gesprochen hatte. »Töchter. Sie haben ja zwei, wie ich hörte.«

Paul atmete tief durch, um sich wieder zu fangen, und trocknete seine Tränen mit dem Ärmel seines Jacketts.

»Was haben Sie da gesagt?« Grewes Stimme klang alarmiert.

»Ihre Töchter, sind Sie taub oder wissen Sie selbst nicht mehr, wie viele gestörte Kinder Sie in die Welt gesetzt haben? Ich meine Natalie und ihre Schwester, die hier das Sagen haben.«

»O Gott ...«, keuchte Grewe. »Das ist es! Das hat sie also vor!«

Paul horchte auf. »Sie wissen, was Natalie vorhat?« Er stemmte sich hoch und ging nah an die Gitterstäbe der Tür, um keinesfalls etwas zu überhören.

Grewes Schock war beinahe bis in Pauls Zelle zu hören. Es dauerte eine volle Minute, die Paul wie eine Ewigkeit vorkam, bis er antwortete.

»Wir machen einen Deal. Ich werde Ihnen sagen, was sie meiner Meinung nach plant ... Wenn Sie mir dafür versprechen, mich hier rauszuholen. Falls Sie es rausschaffen.«

Paul hätte nicht zögern müssen. Schließlich konnte er sein Versprechen jederzeit brechen. Um seine Antwort realistischer erscheinen zu lassen, ließ er sich dennoch einen Moment Zeit, ehe er antwortete: »In Ordnung. Ich verspreche es.«

Kapitel 19

Charlie, Bunker FreeMinds, 2075

»Wie geht es dir?« Tristans Blick verriet Sorge.

Während Josi sich daran machte, Ausweise für sie zu fälschen, sodass Tristan sich als Paul ausgeben konnte, war er mit Charlie in die Kantine gegangen. Josi hatte darauf bestanden, dass sie dringend ihre Ruhe beim Programmieren und Tüfteln brauchte. So, wie sie Charlie zugezwinkert hatte, hatte sie Charlie das Gefühl gegeben, dass sie ihr einen Gefallen tun wollte, damit sie Zeit mit Tristan verbringen konnte. Charlie wusste noch nicht, ob sie das gut oder eher bedenklich finden sollte. Immerhin hatte sich ihre Vermutung bestätigt, dass Josi gar nicht so unfreundlich war, wie sie manchmal wirkte.

»Ich weiß es nicht genau …«, antwortete Charlie ehrlich. »Seit dem Schuss ist alles durcheinander. Ich habe das Gefühl, als hätte ich einige … Gefühle verloren und dafür neue gewonnen, die Amy gehört haben. Dasselbe mit Erinnerungen. Mir fehlt einiges von früher. An Marvin kann ich mich erinnern, an meine Heimzeit … aber ausgerechnet wie oder warum ich gelöscht wurde, habe ich vergessen. Ich habe das Gefühl, als wäre ich kurz davor, mich zu erinnern. Aber eben nur kurz davor – es fehlt irgendwie was.« Erst als sie es ausgesprochen hatte, wurde es ihr wirklich bewusst. Sie fühlte sich sogar ein wenig wie eine Mischung aus sich selbst und einer Fremden – und da kam nur Amy infrage. Obwohl sie durchaus selbst überwog. Aber ab und zu schwappte etwas rüber … vielleicht kamen die Gefühle für Tristan daher?

»Hmm«, machte Tristan und blickte nachdenklich zu dem Essenszubereiter. Möglicherweise auch durch ihn hindurch, so genau konnte sie es nicht sehen. »Vielleicht fehlt noch der richtige Schubs, der deine Erinnerungen ankurbelt. Und selbst wenn nicht, bist du nicht weniger du, nur weil dir ein paar Erinnerungen fehlen oder weil du ein paar neue dazubekommen hast.« Er wandte sich zu ihr und lächelte sie an.

Er war wirklich ein netter Kerl, fand Charlie. Und auch wenn sie ihn noch nicht sehr lange kannte, fühlte sie sich in seiner Gegenwart sicher und beschützt. Er hatte schon mehrmals gezeigt, dass er auf sie achtgab. Einmal, als sie fast aus dem Bett gefallen war, und das andere Mal, als sie gestolpert war. Seit wann musste sie eigentlich dauernd gerettet werden? War Amy so eine gewesen, die sich gern hatte retten lassen? Sie wusste es nicht und wollte so direkt auch nicht fragen.

Sie bemerkte, dass sie ihn angestarrt hatte, und schaute rasch weg. »Was denkst du, wie lange braucht Josi für die IDs?«

Tristan trommelte mit den Fingern auf dem Tisch herum und starrte wieder zu dem Essenszubereiter. »Ich weiß nicht, vielleicht eine halbe Stunde?« Er gähnte. Das war kein Wunder, in der kurzen Zeit, in der sie sich kannten, war schon so viel passiert.

Wieder drifteten ihre Gedanken zu Amy ab und schwangen daraufhin einen Bogen zu Marvin – oder Paul – der sich vielleicht ähnlich fühlte wie sie oder wie Amy.

»Wie es wohl für Paul ist, zu wissen, dass ihm der Körper eigentlich gar nicht gehört?«, fragte sie unvermittelt und folgte nachdenklich Tristans Blick. Nun starrten sie gemeinsam den Essenszubereiter an, als würde er ihnen die Antwort gleich verraten. »Also ... ich meine, ich war ja selbst gelöscht. Aber für mich war es, als hätte ich geschlafen oder wäre in tiefer Trance gewesen. Und im Moment ist es, als wäre ich ... so was wie mit Amy *gemischt*. Apropos Amy«, sie riss ihren Blick los und sah Tristan unverhohlen an. Jetzt bekam sie doch noch die Kurve zu Amy und fragte: »Wie war denn Amy so? Erzähl mir doch was über sie!«

Tristan lächelte spitzbübisch. »Über Amy oder über unser Date?«

»Beides. Was hatte sie an, was mochte sie für Musik, was hat sie überhaupt getan und gesagt, und ...«

Jetzt lachte er auf. »Okay, also alles. Lass mich überlegen.«

»Überleg schneller!«, bat Charlie aufgeregt. Endlich hatten sie einen Moment Zeit, nun wollte sie alles wissen, und wenn sie jedes Wort einzeln aus ihm herauskitzeln musste.

»Dass sie als Krankenschwester gearbeitet hat, wusstest du wahrscheinlich schon, oder?«

Sie nickte.

»Okay.« Er griff wieder nach seiner Pulloverkordel. »Amy war freundlich, aber auch direkt und ehrlich. Ich habe sie zwar nicht oft mit Patienten erlebt, höchstens im Vorbeigehen, aber sie hatte eine angenehme, beruhigende Wirkung auf die Patienten. Eben nicht so grob wie manch anderer da.«

»Mhm. Beruhigend? Im Sinne von ... einschläfernd und langweilig?«

Er lachte. »Nein, im Gegenteil. Einfach sehr angenehm. Und ...«, er setzte eine kunstvolle Pause, »sie sah verdammt gut aus.«

»Aber das war doch mein Kö...« als sie anfing, es auszusprechen, wurde ihr klar, dass es sich um ein Kompliment gehandelt hatte. Ein Kompliment, dass sich direkt an Charlie richtete. Sie spürte, wie sich ein dümmliches Grinsen auf ihrem Gesicht ausbreitete und sagte: »Danke. Du bist auch nicht von schlechten Eltern.«

Himmel, wie billig war das denn?, fragte sie sich.

»Genug Süßholz geraspelt! Ich hab eure IDs.«

Charlie wirbelte herum. Josi stand grinsend an der Tür – wie zum Henker hatte sie die so leicht aufbekommen? – und hatte die Hände lässig in ihre Hosentaschen gesteckt.

»Süßholz geraspelt?« Empört straffte Tristan sich. »Wir haben uns nur unterhalten!«

»Schon klar«, winkte Josi ab. »Gib mir einfach dein Handgelenk, Casanova.«

Charlie unterdrückte ein Kichern.

Mit strammen Schritten näherte Josi sich Tristan, der noch immer ertappt wirkte, als er seinen Ärmel hochschob und sein Handgelenk wie befohlen in ihre Richtung streckte.

Interessiert beobachtete Charlie das Prozedere. Josi holte ein kleines, längliches Gerät nebst einer Spritze aus ihrer Hosentasche. Das Gerät war fast so schmal und lang wie die Eingabestifte für die handelsüblichen RDs.

»Was machst du jetzt genau?« Neugierig sah Charlie Josi an. Josi, die es nicht mochte, beim Arbeiten gestört zu werden, brummelte immerhin eine kurze Antwort: »Ich blockiere das alte Signal und setze den neuen Chip ein.«

So sahen also die Geräte aus, mit denen man gechippt wurde. Interessiert sah Charlie weiter zu, da sie sich an ihren ersten eigenen Chip nicht mehr erinnern konnte. Er wurde direkt nach der Geburt gesetzt und dann nur noch laufend aktualisiert, aber dafür brauchte man ihn nicht herauszuholen und auch keinen neuen einzusetzen. Es dauerte nur wenige Sekunden. Josi fuhr mit dem stiftähnlichen Gerät über Tristans Arm, zückte direkt danach die Spritze und drückte Tristan ohne Vorwarnung den neuen Chip unter die Haut.

Er verzog keine Miene. *Natürlich nicht,* dachte sie amüsiert. *Männer eben.*

»So.« Josi schmiss die Spritze in die Ecke und händigte Tristan, der seinen Ärmel wieder herunterzog, das längliche Gerät aus. »Ich geb dir den Signalblocker mit, ist ja nicht so, dass das der einzige wäre, den wir hier haben.« Sie sagte das nicht ohne ein wenig Stolz.

»Aha. Aber hast du das nicht schon blockiert? Was soll ich damit?«, fragte Tristan mürrisch, nahm den Signalblocker aber trotzdem entgegen und steckte ihn ein.

Josi verdrehte die Augen. »Wir sollten Kurse einführen, für Leute wie dich, die von nichts einen Plan haben. Was könnte man mit einem Signalblocker wohl machen? Hm? Richtig. Ein Signal blocken, du Knallkopf!«

»Knallkopf?«, fragte Charlie. Ob Josi mit allen so redete?

Schulterzuckend wandte Josi sich an Charlie und deutete dabei auf Tristan. »Ja, mal ehrlich, wer nicht weiß, dass ein Signalblocker Signale blockt, der ist jawohl ein geistiger Tiefflieger.«

Tristan räusperte sich. »Ähm, hallo? Ich kann dich hööören ...«

Josi seufzte nur. »Lassen wir das. Also: Du musst einmal pro Stunde das Signal deines echten Chips blocken, sonst funktioniert der gefakte nicht mehr. Dafür fährst du mit gedrücktem Knopf – der ist an der Seite – einmal über dein Handgelenk. Soweit klar?«

»Nein, tut mir leid«, sagte Tristan bedauernd. »Ich bin leider zu hirnverbrannt dafür.« Dann zuckte er und verdrehte die Augen.

»Ha, ha, ha«, machte Josi und sah kurz zwischen den beiden hin und her. Danach fackelte sie nicht lange, sondern drehte sich um, öffnete die Tür und murmelte: »Viel Glück euch beiden«, ehe sie verschwand.

Nachdem sie sich warm angezogen hatten, lotste Tristan Charlie durch den Flur zum Ausgang. Er hatte einen Rucksack aufgesetzt und gesagt, dass er froh war, kein Büro-Outfit mehr tragen zu müssen.

Der Weg war nicht weit, dennoch wurde es zunehmend dunkler, sodass die grünen, phosphoreszierenden Pfeile oben an den Wänden wieder zu sehen waren. Gerade als Charlie nachfragen wollte, wie lange es noch dauern würde, erreichten sie eine Schleuse. Tristan öffnete sie und schon erspähte Charlie eine Treppe. Er reichte ihr aufmerksam die Hand, da die Treppe weder beleuchtet noch mit leuchtenden Pfeilen versehen war, und sie ergriff sie. Ihre Finger verflochten sich wie automatisch und Charlie fragte sich, ob sie damit begonnen hatte oder er.

Oben angekommen, löste er die Hand nach einer Sekunde des Zögerns, um die Luke, die sie von der Außenwelt abschottete, zu öffnen. Und genau das tat er auch.

Das Licht blendete so stark, dass Charlies Augen schmerzten. »Ist das hell, das tut ja richtig weh!« Sie hielt schützend die Hände vors Gesicht und blinzelte, um sich an das Licht zu gewöhnen.

Tristan ging es nicht viel besser, soweit sie das sehen konnte. Er blinzelte ebenfalls. So standen sie einen Moment nur da und schirmten sich die Augen ab, bis die ungewohnte Helligkeit erträglicher wurde.

Sie befanden sich in einem Wald und es musste gegen Mittag sein. Die Sonne glitzerte auf der Schneedecke, die sich über alles ausgebreitet hatte. Charlie wurde bewusst, wie sehr das Zeitgefühl ohne Tageslicht gelitten hatte. »Ich weiß, wir haben es eilig«, sagte sie, obwohl Tristan keinerlei Anstalten machte, sie zu hetzen. »Aber gib mir eine halbe Minute. Spürst du das Prickeln der Sonne auf der Haut?« Sie schloss die Augen, breitete die Arme aus und atmete den Duft des Winters ein.

Als sie die Augen wieder öffnete und lächelnd ausatmete, wobei eine kleine Dampfwolke ihren Mund verließ, war Tristan fort.

»Tristan?« Sofort schoss Adrenalin durch ihre Adern. »Wo bist du?« Sie wirbelte herum.

Sie war allein.

∞

»Charlie? Alles in Ordnung?« Tristans braune Augen musterten sorgenvoll ihr Gesicht. Moment. Wieso war sein Gesicht über ihrem? Und wieso ... wieso lag sie in Tristans Armen?

»Was?« Charlie fuhr hoch und sah sich irritiert um. Noch immer schien die Sonne und ein frischer Wind zog auf. Sie fröstelte. »Du warst weg!«, keuchte sie, rappelte sich auf und klopfte sich Schnee und Schmutz von der dunklen Kleidung.

»Was?« Tristan runzelte die Stirn und stand ebenfalls auf. »Wie meinst du das?«

»Verarschst du mich?«, fragte Charlie mit zusammengekniffenen Augen.

Ernst schüttelte er den Kopf. »Nein. Ich stand die ganze Zeit neben dir und dann bist du einfach umgefallen.«

Charlie war ein wenig schwindelig. Was war das bloß gewesen? Wieso bildete sie sich ein, dass Tristan verschwand, und kippte dann einfach so um? Sie schwankte erneut und Tristan stützte sofort ihren Arm.

»Wir können auch zurückgehen, damit du dich ausruhen kannst, und ich gehe allein – das wäre kein Problem«, sagte er.

»Nein«, entschieden straffte sie sich und versuchte, fit und frisch auszusehen, was ihr vermutlich mehr schlecht als recht gelang. »Wir erledigen jetzt alles wie geplant. Wo geht's lang? Wo sind wir überhaupt genau?«

Er vergewisserte sich, dass sie auch ohne seine Hilfe sicher stehen konnte, schloss die Tür zum Bunker, schaufelte ein bisschen Schnee über die Luke und rieb sich dann frierend die kalten Hände.

»Komm mit«, sagte er und bot ihr erneut seinen Arm an, den sie dankend annahm.

Der Schnee knarzte rhythmisch im Takt ihrer Schritte. Zum Glück hielt die Funktionskleidung halbwegs warm. Nach einer halben Stunde Fußmarsch war Charlie dennoch – zumindest gefühlt – ein Eisklumpen. Auch Tristan klapperte leise mit den Zähnen. Sie erspähte den Beginn einer Straße – und ein am Straßenrand geparktes kleines schwarzes Auto.

Tristan ließ ihren Arm los und hielt seinen Chip an die Tür, um sie zu entriegeln. Es tat sich nichts. Er tat es noch einmal – wieder nichts.

»Was ... O nein!«

»Was denn?«, fragte Charlie und rieb sich über ihre kalten Arme.

»Das Auto läuft doch über meinen Chip. Und der ist blockiert. Na toll.« Tristan seufzte. »Ich befürchte, wir müssen zu Fuß gehen.«

»Du kennst dich mit Signalblockern wirklich nicht aus«, grinste Charlie. »Gib mal her.« Sie hielt die Hand auf.

Zögernd kramte er den Blocker aus dem Rucksack und gab ihr das stiftähnliche Gerät. Charlie drückte den Knopf an der Seite, schnappte sich sein Handgelenk und fuhr mit dem Gerät darüber.

»Und jetzt noch mal probieren«, sagte sie.

Tristan hielt seinen Chip vor das Auto und die Tür öffnete sich. »Oha«, sagte er nur. »Danke.«

Sie lachte. Sicher wollte er sich nicht die Blöße geben, nach einer Erklärung zu fragen. Sie gab ihm die Antwort auch ohne Frage. »Der Signalblocker kann beides. Blocken und entblocken. Das heißt, direkt vor dem Sicherstellungsgelände solltest du deinen Chip wieder blocken. Und zusätzlich hält das Blocken eben wie gesagt nur eine Stunde, nicht vergessen.«

»Okay«, sagte er, während sie beide einstiegen. »Und woher weiß ich, ob mein Chip geblockt ist oder nicht?«

»Tristan ...«, sagte sie vorwurfsvoll, kicherte aber innerlich. »Guck doch einfach im RD nach oder so, wenn du deine ID ausliest, steht doch da, ob das deine oder Pauls ist.«

Nahmen seine Wangen grad ein bisschen Farbe an oder bildete sie sich das nur ein?

»Klar. Stimmt«, gab er widerwillig zu und wirkte dann sehr beschäftigt, obwohl er sich nur hinsetzte und sich automatisch anschnallen ließ, ebenso wie Charlie.

Bei dem kleinen Magnetauto handelte es sich nicht um das allerneuste Modell, dennoch war es gemütlich. Gegenüber ihren Sitzplätzen war standardmäßig eine kleine OLED-Fläche integriert, auf der man sich Neuigkeiten ansehen oder im Internet surfen konnte.

»Wohin möchten Sie fahren?«, fragte die Sprachnavigation.

»Cecilienstraße zweiundneunzig.« Tristan sprach es langsam aus.

Die Navigation wiederholte mechanisch: »Cecilienstraße zweiundneunzig, eins, zwei, sechs, acht, drei, Berlin. Ziel bestätigen.«

»Bestätige.« Dann fügte er noch hinzu: »Auf zweiundzwanzig Grad heizen.«

Nun startete nicht nur der Wagen, indem er sich mit einem leichten Ruckeln über den Boden hob, sondern auch die Heizung ging an und verbreitete eine wohlige Wärme. Ein herrliches Gefühl nach dem unfreiwilligen Spaziergang.

Sie schwebten direkt auf eine große Straße und Charlie beobachtete entzückt, wie die Schneeflocken am Fenster vorbeistoben. Sie saß direkt im Sitz neben Tristan, obwohl normalerweise fünf Menschen Platz in dem Auto hätten.

Da nichts anderes eingestellt war, zeigte die OLED-Wand die Route und die frontale Außenaufnahme auf einem geteilten Bildschirm an. Noch zehn Minuten bis zum Ziel. Das ging ja verdammt schnell.

Ihr Blick wanderte zu ihrem Begleiter, der aus dem Fenster sah und nachdenklich wirkte. Als er ihren Blick spürte, drehte er den Kopf zu ihr und lächelte. »Nicht mehr lange«, sagte er. »Dann sind wir da. Und ja, ich werde an den Signalblocker denken.«

Sie grinste. »Gut.«

»Geht's dir wieder besser?« Er beobachtete sie genau. Wahrscheinlich dachte er, dass sie ihm nicht die Wahrheit sagen würde. Aber es ging ihr tatsächlich besser, auch der Schwindel war fort. »Mir geht es gut, wirklich«, sagte sie ernst.

Er kniff die Augen zusammen. »Sicher?«, fragte er skeptisch.

»Ganz sicher«, lächelte sie und wanderte mit ihrer Hand in Richtung der seinen, um sie vorsichtig zu berühren.

»Hmmm«, machte Tristan.

Charlie zog sofort ihre Hand zurück und ihr Herz klopfte. Nun hatte sie es wirklich übertrieben – vielleicht hatte sie alles, was er gesagt oder getan hatte, falsch gedeutet? »Oje, entschuldige!«, brachte sie hervor.

»Was?« Irritiert sah er sie an und schien einen Moment danach zu verstehen. »Oh, nein, das meinte ich nicht! Ich habe über das von eben nachgedacht, dass du umgefallen bist … könnte das vielleicht was mit Amy zu tun gehabt haben?«

»Mit Amy? Wie meinst du das?«

»Na ja, du hast mich nicht mehr gesehen, obwohl ich da war, und dann bist du umgefallen. Aber in Wirklichkeit hast du mich direkt angesehen und gelächelt.«

»Wie … wirklich?« Jetzt ergab es Sinn. Vielleicht hatte Amy übernommen?

»Ziel erreicht. Bitte auf der linken Seite in Fahrtrichtung aussteigen.«

Charlie schreckte zurück. Sie waren da. Jetzt mussten sie nur noch Pauls Auto bekommen.

Tristan stieg aus und sie kletterte ebenfalls nach draußen, wo die kalte Winterluft schon auf sie gewartet hatte.

»Brrrr«, sagte sie und schlotterte sofort wieder.

»Aber wirklich!« Tristan schloss die Tür mit seinem Chip und nutzte unauffällig den Signalblocker. Danach versuchte er, die Autotür erneut zu öffnen. Es funktionierte nicht – was im Umkehrschluss hieß, dass der Blocker seine Arbeit getan hatte. Er steckte ihn weg, nicht ohne ein wenig Stolz in seinem Blick, und sagte: »Na, dann los.«

Vor ihnen ragte ein großes Gebäude auf, das zu beiden Seiten von einem hohen Zaun umgeben war. Dahinter befand sich der riesige Stellplatz, auf dem etliche Autos auf ihre Besitzer warteten.

Gemeinsam stiegen sie einige Stufen empor, bis sich die große Tür vor ihnen automatisch öffnete. Sie steuerten direkt auf eine kleine Information zu, die sich am Ende einer großen Halle befand und hinter deren Glasscheibe sich ein junger Mann gelangweilt in einem Stuhl rekelte. Tristan blieb direkt davor stehen und klopfte an die Scheibe.

Der junge Mann verschränkte die Arme hinter dem Kopf und sagte gähnend: »Was kann ich für Sie tun?«

»Ich möchte mein Auto abholen. Es müsste hier sein. Ich … war eine Weile verhindert.«

»Mhm.« Der Typ deutete gelangweilt auf einen Scanner neben der Scheibe. »Einmal scannen, bitte. Dann sehe ich nach.«

Tristan scannte sich und Charlie schluckte ihre Aufregung herunter. Würde es klappen? War das Auto überhaupt noch da?

Wieder machte er: »Mhm«, und wischte auf seinem fest integrierten RD herum.

Charlie registrierte, wie Tristan sein Gewicht nervös von einem Bein aufs andere verlagerte.

Nach einer gefühlten Ewigkeit begannen die Augen des Portiers zu leuchten. »Paul Bornemann?«, fragte er ungläubig und wirkte mit einem Mal hellwach.

»Genau der«, sagte Tristan in selbstbewusstem Ton.

»Das wird aber nicht ganz billig ... da hätten Sie mal eher kommen müssen.« Der Portier sah Tristan prüfend an. »Und ich muss eine Sofortzahlung verlangen, sonst geben wir den Wagen nicht raus.«

Hatten sie überhaupt an die Bezahlung für den Wagen gedacht? Charlie hatte keine Ahnung, ob Josi und Cordula vorgesorgt hatten. »Wie viel ist es denn?« Tristans Miene blieb unbewegt. Allerdings sah sie eine Ader an seinem Hals pochen.

»Für unseren Service bekommen wir tausendeinhundertneunundsechzig fünfzig, sofort fällig.«

Charlie riss die Augen auf und Tristan schluckte heftig. »Wie bitte?«, fragte er. »Was für ein Service?«

Der Portier wiederholte die Forderung: »Der Service besteht aus Transport, Sicherstellung für insgesamt sechshundertsiebenundzwanzig Euro und der Einlagerung und Aufbewahrung pro Tag à sieben Euro und ergibt in der Summe dann tausendeinhundertneunundsechzig fünfzig, sofort fällig. Sobald die Zahlung legitimiert ist und die Freigabebestätigung der Polizei vorliegt, bringe ich Sie zu dem Wagen. Das dauert in der Regel nicht länger als fünf Minuten.«

»Ist er wenigstens fahrbereit?«, brachte Tristan aus zusammengebissenen Zähnen hervor. Inzwischen wirkte er gut durchblutet, der Farbe seines Gesichtes nach zu urteilen.

Der Portier scrollte ein Stück und nickte dann. »Das letzte Mal war er das zumindest.«

»Okay. Kleinen Moment, ich muss noch was klären. Ich hätte gern die Rechnungsaufstellung.«

Der Portier nickte überaus freundlich und sendete die Aufstellung gut gelaunt an Tristans – oder besser gesagt Pauls – ID, damit er sie dann auf seinem RD ansehen konnte.

Bekam der Portier Provision für die Abholung? Oder hatte er schlicht Freude an den Problemen anderer Menschen?

Charlie folgte Tristan wieder hinaus vor das Gebäude.

»Scheiße!«, fluchte er. »Ich muss Josi irgendwie erreichen, ob ich diese horrende Summe überhaupt über Pauls Chip zahlen kann.«

Charlie schüttelte den Kopf. »Du wirst sie nicht erreichen, wenn sie im Bunker ist – was nach aller Wahrscheinlichkeit so sein wird. Wir sollten uns also was anderes überlegen. Der Portier wirkte komisch auf mich, auf dich nicht? Vielleicht will er die sofortige Zahlung ja nur, obwohl du das Recht hättest, später zu zahlen?«

Tristan überlegte. »Kann sein. Vielleicht funktioniert die Überrumpelungstaktik ja bei anderen so verlockend gut.«

»Lass uns mal die Rechnung ansehen«, schlug Charlie vor. Sie gingen zurück zum Wagen, entblockten Tristans normalen Chip, holten sich Tristans RD und blockten den Chip anschließend wieder, um als Paul unterwegs zu sein und die Rechnung auslesen zu können.

»Das ist echt ne Frechheit!« Charlie schüttelte den Kopf. »Was für eine Summe …« Sie nahm Tristan das RD aus der Hand und googelte die entsprechenden Paragraphen.

»Ha!«, rief sie siegessicher. »Ich hab's.« Sie zeigte auf einen Satz am unteren Ende der Rechnung.

Tristan zog die Stirn kraus. »Ähm, da steht, dass die Rechnung innerhalb von zwanzig Minuten nach Rechnungsstellung fällig ist.«

»Eben! Wir haben also noch fünfzehn Minuten Zeit, den Wagen zu holen, ehe Paul denen etwas schuldet. Das müssen wir nur dem Typen da klarmachen.«

Ein Zucken umspielte Tristans Mundwinkel. Schließlich lachte er. »Also gut, versuchen wir's.«

Schnellen Schrittes marschierten sie zurück in das Gebäude und bauten sich vor dem Portier auf, der ihnen einen irritieren Blick zuwarf. »Möchten Sie zahlen?«, fragte er.

»Ich möchte zuerst mein Auto«, sagte Tristan mit fester Stimme. »Hier steht«, er deutete auf die Rechnung, die auf seinem RD geöffnet war, »dass ich zwanzig Minuten nach Rechnungsstellung zu zahlen habe. Sie haben mir die Rechnung vor genau sechs Minuten gestellt. Ich möchte also zunächst mein Auto haben.«

»Ich ...«

Charlie unterbrach ihn. »Soll ich Ihnen den entsprechenden Paragrafen nennen oder bringen Sie uns nun hin?«

Der Mann schnaufte genervt und erhob sich. Wie es aussah, war es nicht das erste Mal, dass jemand auf sein Recht pochte. Man musste es nur kennen, damit man es durchsetzen konnte.

Widerwillig kam er aus dem Pförtnerraum und schloss hinter sich ab. Er führte sie zu einer weiteren Tür, öffnete sie mit seinem Chip und bedeutete ihnen, rauszugehen.

Charlie und Tristan grinsten sich an. Ihre Chancen standen gut.

Das dachte Charlie zumindest, bis sie den Stellplatz richtig sehen konnte. Auto um Auto reihte sich aneinander, es wurde kein Platz verschwendet. Das waren sicher Hunderte!

Der Portier grinste. »Dann suche ich mal Ihren Wagen, Herr ... Bornemann. Ein Toyota ...« Langsam und gemächlich scrollte er auf dem Display hin und her und las die Informationen ab.

Tristan sah ungeduldig auf sein GAB. Seit Rechnungsstellung waren bereits elf Minuten vergangen.

Charlie schlich um den Portier herum, stellte sich auf Zehenspitzen und sah über seine Schulter. Dann sagte sie zu Tristan: »Gang drei, Reihe A. Da muss er stehen. Ist doch gleich da, was überlegen Sie denn so lange?« Charlie schaute unschuldig zum Portier und zeigte auf eines der Leuchtschilder hinter sich.

Tristan grinste Charlie an und der Portier setzte sich murrend in Bewegung. Charlie hatte kein GAB mehr, sah aber, wie Tristan erneut auf seines schaute. Nun waren schon dreizehn Minuten vorbei.

Zum Glück erspähte Tristan direkt in Gang drei Pauls Auto. »Da ist es. Da ist P... da ist mein Wagen.«

Der Portier nickte seufzend und entfernte die Wegfahrsperre. »Gut, Sie haben gewonnen«, sagte er mit hängenden Schultern. »Ich brauche trotzdem Ihre ID. Theoretisch könnten Sie auch gleich bezahlen ... in den paar Minuten kommen Sie so oder so nicht weit. Dann setzt eine automatische Sperre ein und Sie können nicht weiterfahren. Der Wagen wird dann geparkt und letztendlich werden Sie noch mehr Gebühren zahlen müssen, weil Ihr Wagen dann abgeschleppt wird ...«

So gesehen hatte er recht. Nur dass es Tristan und Charlie herzlich egal war, wie weit sie fahren konnten. Sie brauchten nur rechtzeitig Pauls Versteck für die Unterlagen finden, dann würden sie das Auto stehen lassen.

Tristan wischte mit der ID über das RD des Portiers und stieg gemeinsam mit Charlie ein. So schnell sie konnten, fuhren sie vom Gelände.

»Noch vier Minuten.« Tristan wirkte gestresst.

»Wie lange dauert es, bis wir abgeschleppt werden?« Charlie überlegte fieberhaft, wie sie Zeit schinden konnten. Während der Fahrt abschnallen war keine Option – Stella hätte sofort gestoppt.

»Keine Ahnung«, sagte Tristan. »Vielleicht zehn Minuten?«

»Ziel erreicht«, sagte Stella und parkte am Straßenrand.

Tristan und Charlie wurden abgeschnallt und machten sich wie auf Kommando daran, das Auto zu durchsuchen. Sie suchten in jeder Ecke, jeder Ritze, sogar in den Halterungen für die Fensterscheiben.

Es war nichts zu finden. Plötzlich ertönte ein lautes Klacken.

»Wegfahrsperre aktiviert. Bitte warten Sie auf den Abschleppwagen.«

»O nein!«, rief Charlie. »Wir müssen diese Akten finden, bevor der dämliche Abschleppwagen kommt!«

Tristan massierte sich die Schläfen und überlegte. Anschließend kramte er hektisch das Werkzeug unter dem Sitz hervor, drehte sich kommentarlos zur Tür und stieg aus.

Charlie sprintete hinterher und beobachtete, wie er gegen die Felgen klopfte. Einmal reihum.

»Ich hab's!«, rief er. »In der vorderen Felge ist irgendwas. Wir müssen sie nur noch rausbekommen.«

Charlie kratzte sich am Kopf. Von Autos hatte sie weniger Ahnung. Was sie aber wusste, war, dass sie die Reifen schlecht würden lösen können, wenn sie es nicht schweben lassen konnten. »Und wie machen wir das?«

»Zur Not mit Gewalt. Wer Autos liebt, weiß auch, wie man es auf die altmodische Art reparieren oder in unserem Fall kaputt machen kann. Ich habe mir schon gedacht, dass Paul das entsprechende Werkzeug haben würde.« Er nahm das erwähnte Werkzeug, das er vorhin achtlos auf den Boden geschmissen hatte, und löste die Radmutter. Hinter den gegenüberliegenden Reifen legte er ein Stückchen Holz, das wie dafür gemacht war, machte sich dann am Wagenheber zu schaffen und bockte das Auto auf.

Charlie sah ihm staunend dabei zu. Er mochte keine Ahnung von Technik haben, aber mit Autos kannte er sich aus.

»Was ich jetzt tue, macht man normalerweise nicht. Aber wir brauchen den Reifen ja nicht mehr«, erklärte er, als wäre sie in einer Lehrstunde für Autoreifendiebstahl. Er nahm einen dicken Hammer und klopfte von innen gegen das Rad, bis es herausfiel.

Eilig schmiss er den Hammer weg und hob ächzend den Reifen hoch. Das Ding sah aus, als würde es einige Kilogramm wiegen. »Jetzt müssen wir nur noch zu unserem Auto«, stöhnte er, das schwere Gewicht stemmend. Charlie vermutete, dass es ihn in seiner männlichen Ehre kränken würde, würde sie ihm helfen. Also ließ sie es und lief neben ihm her, bis sie das riesige Gebäude umrundet hatten und endlich wieder am Eingang – und somit auch an Tristans Auto – ankamen. Ihn daran zu erinnern, dass er den Chip entsperren musste, konnte sie sich allerdings nicht verkneifen.

Mit einem letzten Schnaufen wuchtete er den Reifen ins Auto, stieg ein und sie direkt hinterher. Beide ließen sich anschnallen und machten sich auf den Weg zurück in den Bunker – in der Hoffnung, dass der Stress sich gelohnt hatte.

Kapitel 20

Natalie, Berlin, 2045

Das Schaumbad duftete nach Rosen. Die Temperaturanzeige über der Wanne zeigte siebenunddreißig Grad an.

Edda fuhr trotzdem mit den Händen durch das Wasser, um zu überprüfen, ob es auch wirklich angenehm warm war.

Natalie und ihre Schwester standen schon neben ihr und warteten. Das etwas kleinere dunkelhaarige Mädchen hüpfte um ihre Mutter herum und versuchte die Titelmelodie eines Kinderfilmes dazu zu singen, während Natalie laut ihren Unmut kundtat. »Ich will aber nicht baden, Mama!«, jammerte sie.

»Aber ihr beide habt doch morgen euren ersten Schultag, Mäuschen. Da wollt ihr doch gut riechen, hm? Nicht dass euch einer hänselt.« Sie wollte Natalie liebevoll mit der nassen Hand über die Wange streicheln, doch Natalie drehte das Gesicht weg und verschränkte die Arme. »Mir doch egal!« Sie zog eine Schnute.

»Pass auf«, sagte Edda und kniff verschwörerisch die Augen zusammen. »Wir machen einen Deal. Ich hätte da ein Angebot für dich.«

Vor Interesse vergaß Natalie, weiter einen Schmollmund zu machen und fragte neugierig: »Was denn für eins?«

»Wenn du jetzt fünfzehn Minuten badest, lese ich euch nachher eure Lieblingsgeschichte vor. Und zwar komplett. Was sagst du?«

Natalie überlegte nicht lange und rief: »Jaaa!«

Ihre Schwester hüpfte und klatschte ebenfalls begeistert in die Hände. Dazu rief sie: »Au ja! Die Geschichte vom Bären, der in die Ameisenkolonie zieht!«

Edda lächelte ihre Töchter an. »Genau. Na los, ihr Süßen.« Sie hob Natalie und dann ihre freudig kreischende Schwester in die Badewanne.

Das Telefon klingelte. »Macht euch schon mal die Haare nass, ich bin gleich wieder da und je schneller eure Haare gewaschen sind, desto schneller gibt es die Geschichte«, sagte Edda lächelnd, folgte dem Klingeln und ließ die beiden allein.

Natalie hielt sich die Nase zu und tauchte kurz unter, um sich die Haare nass zu machen. Als sie wieder auftauchte, sah sie, dass ihre Schwester noch trockenes Haar hatte.

»Du musst auch die Haare nass machen. Sonst kriegen wir keine Geschichte!«, mahnte Natalie.

Sofort fing die Unterlippe ihrer Schwester an zu beben. »Aber ich will nicht untertauchen, ich hab Angst!«

»Du musst es tun! Mama hat gesagt, sie kommt gleich wieder. Und sonst liest sie uns vielleicht doch keine Geschichte vor.«

»Nein.« Ihre Schwester verschränkte bockig die Arme und wiederholte: »Ich hab Angst zu tauchen!«

Natalie fing an zu weinen und jammerte: »Ich will aber eine Geschichte!«

Ihre Schwester betrachtete skeptisch das Wasser und beugte den Kopf dabei ein wenig hinunter, so als wollte sie prüfen, ob das Wasser wirklich ungefährlich wäre.

Natalie ergriff die Gelegenheit, nahm beide Hände und drückte den Kopf ihrer Schwester weit nach unten.

Das Mädchen zappelte und wehrte sich, Wasser spritzte in alle Richtungen, aber Natalie ließ nicht locker. Gleich würde sie sie wieder hochlassen, aber erst mussten alle Haare richtig nass werden. Fasziniert beobachtete sie, wie die dunklen Strähnen im Wasser hin und her waberten und immer mehr Blubberbläschen dazwischen aufstiegen. Es wurden weniger und weniger. Es sah so interessant aus! So stellte sie sich das Haar einer Meerjungfrau vor. Weich, schwimmend mit den Wellen des Meeres … Irgendwann stiegen keine Blubberblasen mehr auf und ihre Schwester zappelte auch nicht mehr. Vielleicht mochte sie jetzt das Tauchen doch und wehrte sich deshalb nicht mehr? Die Haare schienen jedenfalls richtig nass zu sein.

Natalie ließ los. Es tat sich nichts – das Wasser, das eben noch über den Wannenrand geplätschert war, blieb ruhig.

»Hallo?« Natalie stupste sie an. Keine Reaktion.

Vielleicht sollte es ein Tauchwettbewerb sein? Sie hielt sich die Nase zu, tauchte ebenfalls unter und ließ Blubberbläschen aufsteigen. Das war lustig.

Durch das Wasser hörte sie gedämpft die Badezimmertür und die Schritte ihrer Mutter.

Natalie kam prustend hoch und schnappte nach Luft.

Edda starrte in die Wanne. »Maus?«, sagte sie und packte sich nach einigen Sekunden erschrocken ans Herz. »O mein Gott!«

Sie erbleichte und griff nach ihrer leblosen Tochter. Als sie sie herauszog, sah Natalie, dass ihre Schwester die Augen noch immer geöffnet hatte. Auch ihr Mund stand leicht offen und etwas Wasser tropfte heraus.

Ihre Mutter klopfte ihr auf den Rücken, schüttelte sie, schrie hysterisch: »Carlos! Ruf einen Krankenwagen! Schnell!«

Doch ihre Schwester blieb ganz ruhig und regte sich nicht.
Edda keuchte, weinte und schrie immer lauter.
Natalies Herz krampfte sich zusammen. Sie hatte etwas falsch gemacht. Mama war ihretwegen traurig und deshalb sicher böse auf sie.
Jetzt wippte Mama nur noch hin und her, im Arm ihre Schwester, die die Augen noch immer starr geöffnet hatte und ins Leere blickte, und wimmerte immer wieder: »Mein Baby, mein Baby …«
Es sah ganz so aus, als würde es heute Abend doch keine Geschichte geben.

Paul, Diakonie Himmelspforte, 2075

Paul hatte sich an die Wand gelehnt und Grewes Geschichte gelauscht. »Natalie hat … ihre eigene Schwester getötet?«, fragte er ungläubig.
Grewe schwieg kurz. »Ja. Meine eine Tochter hat die andere getötet … und von da an ging alles abwärts. Meine Frau wurde schwer depressiv, machte sich unendliche Vorwürfe. Mir ging es auch nicht viel besser, von Natalie ganz zu schweigen. So kam ich auf die Idee, Better Life zu gründen. Ich wollte die Erinnerungen meiner Frau Edda löschen – und auch die von Natalie. Ich wollte die Erinnerungen an meine tote Tochter ganz aus unser aller Leben entfernen, sodass wir wieder eine glückliche Familie sein würden, ohne diesen schrecklichen Schatten aus unserer Vergangenheit, der uns

ständig begleitete. Aber bevor es so weit war, nahm sich meine Frau das Leben.«

Paul schluckte. Ob er wollte oder nicht – er empfand Mitgefühl. Für Grewe und für Natalie. All das geschah also aufgrund eines tragischen Familiendramas und hatte so weite Kreise gezogen.

»Wieso haben Sie das Projekt dann nicht aufgegeben? Haben Sie für Ihre Tochter weitergemacht, um zumindest ihr die grausamen Erinnerungen zu nehmen?«, fragte Paul.

Grewe seufzte hörbar. »Ich musste mich ablenken, in Bewegung bleiben, nicht entspannen. Darunter hat auch meine Tochter gelitten, wie man ihrem desaströsen mentalen Zustand eindeutig entnehmen kann … und ja, ich hatte gehofft, sie eines Tages zu ihrem Besten manipulieren zu können.«

Paul schnaufte. »Desaströser mentaler Zustand … Das kann man wohl so sagen. Aber ganz ehrlich: Wieso haben Sie das nicht beendet? Um was ging es Ihnen? Um Natalie? Oder um das Geld, das Sie zweifelsohne mit diesem Projekt eingenommen haben?«

»Ganz ehrlich? Für mich hatte alles andere keinen Sinn mehr. Frau tot, eine Tochter tot, die andere verrückt. Natalie hat so viele Therapien begonnen und immer wieder abgebrochen, sodass ich mich auch von ihr entfernt habe. Ich wollte Abstand und es später mit der Löschung wiedergutmachen, nach der sie ja ein neuer Mensch sein sollte. Die Tochter, die ich so vermisst habe. Nach einiger Zeit stellte sich heraus, was für grandiose Kontakte bis in die höchsten Ränge ich mit Better Life knüpfen konnte – und wie viel Geld, wie viel Macht ich erhielt. Wer möchte das nicht? Und Sie müssen zugeben, die Idee war nicht schlecht.«

Paul schnalzte mit der Zunge. »Nicht schlecht? Dass Sie viele Menschen ihre Identität, das Leben gekostet haben, soll ich nicht schlecht finden? Wissen Sie …« Kurz überlegte er, ob er weitersprechen sollte oder ob es keinen Sinn machte. Er entschied sich dafür, seine Gedanken auszusprechen. Wer wusste schon, ob er die Gelegenheit noch mal bekommen würde. »… Jeder verfügt über einen freien Willen. So sehr ich Ihre ursprüngliche Intention verstehen kann, so sehr verabscheue ich das, was Sie daraus gemacht haben. Stellen Sie sich mal vor, jeder, der als Kind missbraucht wurde, würde sich herausnehmen, dasselbe als Erwachsener auch mit Kindern tun zu dürfen.«

»Sie vergleichen Äpfel mit Birnen«, grummelte Grewe. »Oder Opfer mit Tätern.«

»Eben da liegt der Unterschied, den Sie nicht sehen. Sie sind kein Opfer, Herr Grewe. Sie sind ein Täter.«

Grewe schwieg und Paul merkte, wie sinnlos seine Bekehrungsversuche waren. Doch genau jetzt, als Paul diesem Gedanken nachhing, antwortete Grewe.

»Sie haben recht. Ich weiß, dass ich viel Falsches getan habe und ich bereue es. Mein Ziel habe ich auf halbem Wege verloren und jetzt stehe ich vor einem Trümmerhaufen. Meine halbe Familie ist tot. Meine Tochter ist verrückt … ich … ich wollte doch nur …«

Seine Stimme klang brüchig. Steckte etwa doch ein Funken Menschlichkeit in diesem Kerl? Oder war er nur ein guter Schauspieler?

»Das tut mir leid.«

Nach einer kurzen Pause, in der sich Grewe vermutlich sammelte, begann er endlich zu erzählen, was Paul hatte wissen wollen.

»Eines Tages rief Natalie mich an, wir unterhielten uns über verschiedene Dinge. Ich denke, sie wollte meine Anerkennung. Aber ich war einfach zu beschäftigt damit, das Programm zum Laufen zu bekommen. Ich wusste, dass Dr. Zoe Fink eine hervorragende Neuroinformatikerin ist und habe Natalie erzählt, dass ich sie für meine Sache gewinnen konnte. Daraufhin ist Natalie ausgerastet. Und in diesem Zusammenhang erwähnte sie auch ihre Schwester. Sie meinte, ihre Schwester wäre ebenfalls sehr aufgebracht, und ähnliche Dinge, die darauf schließen ließen, dass sie sich einbildet, sie wäre immer noch da. Ich fragte vorsichtig nach und versuchte ihr klarzumachen, dass ihre Schwester tot ist. Doch das wollte sie nicht hören. Sie war sogar der Überzeugung, sie stünde direkt daneben und höre mit ...« Er machte eine Pause und so tragisch und zugleich interessant Grewes Geschichte auch war, Paul hoffte, er würde endlich auf den Punkt kommen: Natalies Pläne.

Nach einer gefühlten Ewigkeit sprach Grewe endlich weiter. »Ich denke, ihr Plan wird irgendwas mit ihrer toten Schwester zu tun haben. Was genau, kann ich Ihnen auch nicht sagen. Aber vielleicht hilft Ihnen das weiter.«

Paul überlegte. Was konnte sie in Bezug auf ihre Schwester vorhaben? Und warum brauchte sie ausgerechnet ihn und Zoe dafür? Er presste die Hände gegen die Schläfen und versuchte sich einen Reim auf die Informationen zu machen.

Vielleicht wollte sie ihre Schwester künstlich herstellen, indem sie Zoe falsche Erinnerungen einpflanzte? Ging so etwas? Aber wofür brauchte sie dann Paul? Das ergab keinen Sinn.

Die Gedanken schwirrten durch seinen Kopf und er konnte sie einfach nicht sortieren. Es war, als ob der rote Faden, der ihn zum Ziel führen sollte, in lauter kleine Stücke zerschnitten war. Was übersah er?

Kapitel 21

Charlie, Bunker FreeMinds, 2075

»Was denkst du, ist mit Paul passiert? Meinst du, die haben ihn?« Charlie kaute nervös auf ihrer Unterlippe.

Tristan seufzte. »Ich weiß es nicht, aber es liegt nahe. Sobald wir es schaffen, in das Gebäude reinzukommen, um Zoe zu holen, werden wir es wissen. Oder sobald Marion vom Dienst kommt.«

Die Tür flog auf und ein begeisterter junger Mann plapperte los: »Ich hab die Felge vom Reifen gelöst und was gefunden. Das war aber auch eine Heidenarbeit!«, beklagte sich der junge Aktivist mit dem Namen Janosch, zeigte ihnen jedoch stolz das zerfetzte Papier. Es war ein ganzer Stapel und es fiel Janosch wohl schwer, sich davon zu lösen. Wann hatte man, nachdem der Rohstoffmangel aufgrund der übertriebenen und zerstörerischen Abholzung bekannt geworden war und Papier somit zum Luxusgut wurde, schon einmal die Chance, dieses Material genauer zu betrachten oder sogar anzufassen? Höchst selten.

Nach einem eindringlichen Blick von Tristan gab er es widerwillig her und blieb neugierig stehen. »Was macht ihr jetzt damit?«, fragte er.

»Na, es auswerten«, gab Tristan zurück. »Mal sehen, was wir Nützliches finden.«

Janosch wartete noch einen Moment, aber als Tristan keine Anstalten machte anzufangen, solange er noch da war, verließ er schmollend den Raum.

Tristan wippte mit den Augenbrauen und sagte: »Jetzt hat er's verstanden.«

Ein angenehmes Rascheln und Knistern erfüllte den Raum, als Tristan die Papierfetzen auf dem Boden ausbreitete.

»Faszinierend«, staunte Charlie. »Das ist ein Riesenpuzzle.«

Tristan stand auf, öffnete eine Schublade einer Kommode und holte Kleber und Plastikfolien heraus.

»Wieso hast du so ein Zeug?«, fragte Charlie.

»Die Folie hat eine besondere Beschichtung, mit der man Dinge gegen Signale abschirmen kann. Funktioniert natürlich nicht so gut wie die Firewall hier, aber ist besser als nichts. Dazu beschichtet man das jeweilige RD, oder was man schützen möchte, damit. Wir werden das jetzt mal als Unterlage zweckentfremden.«

Eine kreative Idee. Charlie lächelte.

Tristan breitete einige Folien aus und stellte den Kleber daneben. Dann begannen sie, das Papier Fetzen für Fetzen zu sortieren, bis sie mehrere Blätter im DIN-A4-Format beisammen hatten. Es dauerte eine gefühlte Ewigkeit.

Stück für Stück wurde der Inhalt lesbar. Einige Blätter gehörten zu einer Akte von einer Ida Willmann. Charlies Kopf schmerzte. Ida Willmann ... das sagte ihr etwas.

Und plötzlich fiel ihr alles wieder ein. Sie sank mit dem Rücken gegen das kleine Bett, das hinter ihr stand. »Tristan«, keuchte sie. »Ich weiß es wieder! Ich weiß, wie ich gelöscht wurde ...«

Kurz vor Charlies Löschung, Berlin, 2070

Weinend stolperte Charlie in die kleine marode Wohnung, die sie sich seit Längerem mit Marvin teilte, rannte mit letzter Kraft ins Badezimmer und setzte sich mit Klamotten in die Dusche. Es tat weh, so weh …

Sie streckte die Hand nach oben zum Sensor, sodass das Wasser anfing zu plätschern. Es war kalt, aber das war ihr egal. Außer Schmerzen fühlte sie sowieso nichts.

Schwer atmend saß sie eine Weile so da und versuchte, ihren Atem unter Kontrolle zu bekommen. Der Schmerz wurde kaum weniger, aber das Bedürfnis, sich zu waschen, umso größer.

Zitternd stemmte sie sich auf die Beine und streifte die blutige, teils zerrissene Wäsche ab.

Sie seifte sich ein, immer wieder, doch es nützte nichts. Sie fühlte sich wie ein erbärmliches Stück Dreck.

Nach über einer Stunde stieg sie aus der Dusche, ließ sich trocknen, ging aus dem Bad und sah sich um. Viel besaßen sie nicht, aber sie hatten eine Couch und ein Bett. Nur war das der letzte Ort, an dem sie nach ihrem furchtbaren Erlebnis sein wollte.

Sie schnappte sich lediglich ein Kissen, drapierte es an der Couchlehne, holte sich eine Decke dazu, legte sich hin und wickelte sich sicher beschützt ein. Doch die Stille machte ihr zu schaffen. Immer und immer wieder musste sie an vorhin denken … Sie schaltete die OLED-Wand ein, um ihr Gedankenkarussell einzudämmen.

Noch immer tat ihr alles weh. Es brannte wie Feuer in ihrem Unterleib und stach, als würden Messer sie durchbohren.

Aber sie konnte keine Anzeige machen. Wenn sie nur daran dachte, alles noch einmal durchkauen zu müssen, sich untersuchen zu lassen … nein, auf keinen Fall!

Plötzlich kam die Erschöpfung mit so einer Wucht, dass sie fast augenblicklich einschlief. Zwischendurch wachte sie immer wieder schweißgebadet auf, ihr Herz raste und die Angst drohte sie zu ersticken – bis sie erneut wegdämmerte.

Sie wachte auf, als sie den Sprecher der Nachrichten hörte, die auf der OLED-Wand vor ihr abliefen.

»*Der Pressesprecher von Better Life bestätigt, dass die in der Vergangenheit von der Neue Welt Partei gesponsorte Werbung, die bis vor Kurzem noch über unsere OLED-Wände flimmerte, derzeit aufgrund der hitzigen Diskussionen der Bevölkerung nicht mehr gesendet werden darf. Die Gelder, mit denen die Werbung vormals finanziert wurde, fließen vorerst in die weitere Forschung des umstrittenen Projektes.*«

Das war es! Warum hatte sie nicht gleich daran gedacht? Sie setzte sich auf, nahm ihr RD und suchte nach Better Life. Tat diese Firma nicht irgendetwas mit Erinnerungen? Deshalb war sie doch so umstritten, oder?

Sie fand sogleich die Internetseite und als sie sah, dass es nur um traumatisierte Soldaten und Polizisten oder um einen Tausch gegen den Körper ging, lief ihr eine Träne die Wange hinab.

Enttäuscht und wütend warf sie das RD auf den Tisch und schluchzte. Wo war Marvin, wenn sie ihn brauchte? *Ach ja, er ist ja heute im Nachtdienst*, fiel ihr wieder ein.

Nachdem sie eine Weile Löcher in die Luft gestarrt und dabei immer wieder das Bild des ekelhaften Mannes vor sich gehabt hatte, atmete sie nochmals tief durch und nahm das RD wieder in die Hand. Es konnte nicht schaden, wenigstens zu fragen. Vielleicht gab es ja irgendeine Option, eine Nische … eine Möglichkeit, diese schreckliche Erinnerung auszulöschen.

Sie tippte eine Mail.

Sehr geehrtes Better-Life-Team,

auf Ihrer Seite habe ich gesehen, dass Sie vielen traumatisierten Menschen eine Lösung anbieten, jedoch auch festgestellt, dass ich diese Voraussetzungen leider nicht erfülle und mein Fall bei Ihnen bisher nicht berücksichtigt wird. Ich wurde …

Sie stockte, weil sie das Wort weder denken noch ausschreiben wollte. Aber sie musste es tun. Sie tippte es schnell.

… vergewaltigt und ich möchte diese Erinnerung aus meinem Bewusstsein löschen. Ich möchte allerdings nicht 10 Jahre in Luxus leben und dafür meinen Körper hergeben und ich bin auch keine Soldatin … Gäbe es irgendeine Möglichkeit, dass diese Erinnerung trotzdem gelöscht werden kann? Vielleicht gegen Geld? Oder gibt es die Möglichkeit, meine Schuld ggf. abzuarbeiten?
Für eine Antwort wäre ich Ihnen sehr dankbar.

Mit freundlichen Grüßen
Charlotte Rosendahl

Sie legte das RD neben sich und fiel kurz darauf erschöpft in einen seltsamen Dämmerzustand. Es fühlte sich an, als sei sie genau an der Schwelle zwischen Wachsein und Schlafen gefangen. Ein Geräusch ließ sie hochfahren – auf ihrem Display leuchtete ein blauer Punkt. Eine Mail!

Hastig schnappte sie sich das RD und öffnete die Mail mit zitternden Fingern. Sie war von Better Life!

Sehr geehrte Frau Rosendahl,
es tut uns sehr leid, dass Sie solch eine schreckliche Erfahrung machen mussten. Ich werde mich eigens dafür einsetzen, dass wir Ihnen helfen, kann Ihnen aber nichts versprechen. Im Anhang übersende ich Ihnen einen Fragebogen, den Sie mir bitte ausgefüllt zurücksenden. Und dann sehen wir weiter.
Herzliche Grüße, ich freue mich, von Ihnen zu hören.
i.A. Ida Willmann

Es hatte geklappt! Zumindest wollte diese Mitarbeiterin, Ida Willmann, ihr helfen. So müsste sie nicht einmal Marvin davon erzählen, wenn alles klappte. Niemandem auf der ganzen Welt, nicht einmal sie selbst, würde mehr von der Vergewaltigung wissen.

Sie öffnete den Anhang und begann, den Fragebogen auszufüllen.

»Du wurdest …« Tristan legte einen Schnipsel an ein fast vollständig zusammengesetztes Stück Papier und sprach seinen Satz nicht zu Ende. Das war auch nicht nötig.

Charlie nickte nur und verschränkte mit einem unbehaglichen Gefühl die Arme.

Tristan angelte nach der schwarzen Jacke, die sie über den Stuhl gehängt hatte, und hielt sie ihr hin.

Dankbar zog Charlie sie an und lächelte, als Tristan ihr auch noch eine Decke über den Schoß legte und dann wieder auf Abstand ging. Er war vorsichtig und empathisch – erstaunt stellte sie fest, dass sie ihn gut um sich haben konnte und dass es gutgetan hatte, auszusprechen, was ihr passiert war. Tristan sah sie nicht direkt an und das war ihr ganz recht. So fühlte sie sich nicht wie auf dem Präsentierteller, denn es war nicht einfach, über all die Dinge zu sprechen.

»Mir ist noch etwas anderes klar geworden. Der Fragebogen … das waren ganz viele Fragen. Die meisten sehr persönlich. Welche Kontakte ich habe, wie es um meine Familie steht, so was. Und jetzt weiß ich auch endlich, was sie damit bezweckt haben.« Sie ballte die Hände zu Fäusten. »Die haben extra nach Menschen mit einem instabilen sozialen Umfeld gesucht. Von wegen helfen … Ich hatte kaum Freunde und war eines der Heimkinder komplett ohne Familie – es gab nämlich auch Kinder, die wieder in ihre alte Familie integriert wurden und das war bei mir eben nicht der Fall, weil da niemand ist. Nahe war mir eigentlich nur Marvin und den habe ich verschwiegen, weil ich Angst hatte, dass er sonst irgendeine Meldung bekommen könnte. Ich wollte nicht, dass er sich Sorgen macht und … ach, ich wollte einfach nicht darüber reden.«

Er nickte. »Also weiß Marvin nicht …?«

Sie schüttelte den Kopf. »Dazu kam es nicht mehr.«

Charlie, Better Life, 2070

Ding.

»Bitte gehen Sie durch den Scanner.«

Zögernd setzte Charlie einen Fuß in den hell eingerichteten Raum. Eine blonde junge Frau saß in einem weißen Sessel und lächelte ihr freundlich zu. Ein zweiter Sessel stand bereit und die Better-Life-Mitarbeiterin deutete einladend darauf.

»Setzen Sie sich doch!«

Mit unsicheren Schritten ging Charlie ein paar Schritte näher und setzte sich vorsichtig hin, da ihr Unterleib noch immer schmerzte. Sie ließ ihren Blick kurz schweifen. Hinter der Mitarbeiterin strahlte ihr auf einer OLED-Wand ein glückliches Gesicht und das Better-Life-Logo, ein Zahnrad, entgegen. Rechts von ihr befand sich ein großes Panoramafenster mit Blick auf die Spree. Bevor sie die Atmosphäre genauer aufnehmen konnte, wurde sie schon unterbrochen.

»Sie sind also …« Die hübsche blonde Frau sah auf ihr RD. »… Charlotte Rosendahl, richtig?«

»Genau.« Vor lauter Unsicherheit presste Charlie ihren Daumennagel in die Handinnenfläche, bis es wehtat.

Die Frau sagte: »Mein Name ist Ida Willmann. Nennen Sie mich gerne Ida. Schön, dass Sie kommen konnten. Möchten Sie etwas trinken?«

Charlie hatte zwar einen trockenen Mund, war aber viel zu nervös, um etwas zu trinken. Sie kam sich unhöflich vor, weil sie nichts anderes sagte als: »Nein, danke.« Auch ihr Versuch, zu lächeln, wirkte vermutlich eher wie eine Grimasse.

Doch Frau Willmann wusste wohl, dass es ein Lächeln sein sollte, denn sie lächelte zurück und sprach weiter.

»Ich werde mit offenen Karten spielen. Ich habe recherchiert und gesehen, was Sie schon alles durchgemacht haben müssen. Kinderheim, keine Familie, und soweit ich sehe, auch keine Freunde. Stimmt das so?«

Charlie nickte und sah betreten zu Boden. *Mit offenen Karten spielen* ... Das klang nach einer Absage. Gleichzeitig stieg Verzweiflung, gemischt mit Wut, in ihr auf. Nun hatte man sie extra herzitiert, nur um ihr abzusagen?

Ida seufzte. »Das tut mir wirklich leid für Sie. Und dann noch das aktuelle Erlebnis ...« Mit verschwörerischem Blick beugte sie sich ein Stück nach vorn und berührte sacht mit der Fingerspitze Charlies Kinn und hob es an, sodass sie Ida anschauen musste. Charlie schluckte ängstlich und Ida nahm den Finger rasch wieder weg, als hätte sie gemerkt, dass Charlie diese Geste und Idas stechenden Blick als Grenzüberschreitung empfand.

Nun schaute sie sie wieder freundlich an und Charlie versuchte sich zu entspannen.

»Eigentlich können wir Sie nicht in unser Programm aufnehmen. Aber ich sage Ihnen was. Ich denke, ich habe ein Schlupfloch gefunden. Kann ich Ihnen vertrauen?«

Charlies Augen weiteten sich. Ein Schlupfloch – das hörte sich gut an. Eifrig nickte sie.

»Kommen Sie mit«, sagte Ida, stand auf und deutete lächelnd auf den Fahrstuhl.

Charlie stand auf und folgte Ida.

Von der Fahrtbewegung wurde Charlie ein wenig übel, was sicher daran lag, dass ihr Körpergefühl sich keineswegs erholt hatte. Ob es wohl besser werden würde, wenn die Erinnerung fehlte?

Ding.

»Bitte gehen Sie durch den Scanner.«

Sie traten in den Gang, alles war aus Metall, selbst die Wände glänzten metallisch im Neonlicht. Charlie fröstelte. Sie konnte nicht mehr unterscheiden, ob sie sich der Umgebung wegen unwohl fühlte oder ob es ausschließlich an dem Erlebnis lag, das sie nun vergessen wollte. Vielleicht lag es auch an der kleinen Geste, die Ida Willmann kurz hatte grenzüberschreitend wirken lassen.

Sie schüttelte die Gedanken ab und folgte Ida, die rechts in einen Gang abbog.

»Hier entlang«, sagte sie, öffnete eine Tür und deutete in den Raum hinein. Er war fast leer und sehr klein, nur eine Untersuchungsliege fand darin Platz.

Stockend setzte sie einen Fuß hinein und als die Tür sich mit einem Klacken hinter ihr und Ida schloss, wurde ihr noch mulmiger zumute.

»Einmal da drauf legen, bitte.« Sie lächelte noch immer – oder schon wieder? – und deutete auf die Liege.

»Warum? Was passiert jetzt?« Charlie sah skeptisch zu Ida, die jedoch nur abwinkte.

»Nichts Schlimmes, das verspreche ich. Nur ein kleiner Check, ob mit Ihrem Kopf alles in Ordnung ist, sodass wir die besagte Erinnerung überhaupt löschen können.«

Charlie gab sich einen Ruck – wenn sie diese Erinnerung loswerden wollte, musste sie diese Prozedur über sich ergehen lassen. Sie legte sich auf die Liege, ließ den Kopf in die halbmondförmige Aussparung sinken und stellte eine letzte skeptische Frage: »Ist es sicher, dass nicht zu viel gelöscht wird?«

Ida nickte. »Ja, keine Sorge. Das Verfahren wurde ausgiebig getestet. Und das hier ist nur ein Check.«

Die Liege fuhr in eine Glasröhre, oder war es Plexiglas? Charlie wusste es nicht, aber als die Liege ihre Endposition erreicht hatte, sah sie das Display außen an der Scheibe, auf dem Ida herumwischte. Dann zischte es kurz und Charlie fühlte sich plötzlich völlig entspannt. Wenn es nur immer so wäre …

Ein kurzes Stechen an ihrem Handgelenk ließ sie ihre Augen wieder öffnen, die sie unbewusst geschlossen hatte. Sogleich schob sich auch die Liege wieder aus der Röhre und Ida reichte ihr die Hand zum Aufstehen.

»Sehen Sie, war doch nicht schlimm, oder?«

Leicht verwirrt schüttelte Charlie den Kopf. »Nein. Was haben Sie denn gemacht?«

»Nur die Hirnströme gemessen. Jetzt gehen wir in ein anderes Zimmer, kommen Sie.« Ida fuchtelte mit der Hand, damit sie ihr folgte.

Im Flur angekommen, gingen sie nur einen Raum weiter.

»Hier sind wir schon«, sagte sie. »Nach Ihnen.« Sie deutete in einen komplett leeren Raum. Was sollte das denn? Ihr ungutes Gefühl wurde immer stärker.

»Ich weiß nicht …«, stotterte sie. »Ich … ich glaube, ich will das doch nicht.«

»Keine Angst. Es passiert gar nichts Schlimmes.« Ida lächelte, rückte ein Stück näher und legte ihr die Hand auf den Rücken.

»Aber …« Weiter kam Charlie nicht, denn Ida schubste sie mit grober Gewalt in den Raum. Charlie stolperte und fiel der Länge nach hin. Schmerz schoss durch ihren Unterleib, und ehe sie sich wieder aufgerappelt hatte, hörte sie die Tür ins Schloss krachen.

Sie stemmte sich hoch und rannte zu dem verschlossenen Ausgang. »Hey!«, rief sie. »Lassen Sie mich sofort wieder raus!«

Natürlich war ihr klar, dass das ein sinnloses Unterfangen war – und dass man ihr nicht helfen wollte. »*Beginne Löschung.*«

Ihr letzter Gedanke, bevor sie zu Amy wurde, galt Marvin.

»Das ist schrecklich!«, sagte Tristan mit betroffenem Gesichtsausdruck. »Ich schäme mich so unendlich, dass ich für diese Idioten gearbeitet habe. Damals habe ich zwar nur Befehle ausgeführt, aber ich werde nie wiedergutmachen können, was ich getan habe.« Seine Schultern sackten tief nach unten.

»Was denkst du, was wir hier gerade tun?«, fragte Charlie und tippte auf ein Stückchen Papier.

»Hm?« Ratlos sah er zu ihr auf, so versunken war er in seine Gedanken gewesen.

»Na, was wir hier tun, du Nuss! Wir werden das schaffen, wir werden dieses Programm irgendwie …« Sie suchte nach Worten. »… löschen. Hm, kann man das bei einem Programm so sagen?«

Tristan lachte. »Ich denke schon.«

»Okay, dann lass uns das hier weiter zusammensetzen, ist ja nicht mehr viel.«

Beide machten sich daran, das restliche Papier zu sortieren, und setzten es schweigend und konzentriert weiter zusammen, bis am Ende mehrere komplette Blätter vor ihnen lagen. Aber nur eines erschien ihnen wirklich interessant.

Sie tippten gleichzeitig darauf und berührten sich kurz, was Charlie einen Schauer von ihrem Handrücken bis hin zu ihrem Rücken verursachte. Schnell zog sie ihre Hand zurück und sagte: »Das könnte was sein, oder?«

Tristan nickte und begutachtete nachdenklich das Papier mit den vielen Zahlen, Buchstaben und Zeichen. »Josi kennt sich mit diesem Kram aus. Wir sollten sie fragen, ob das Zugangscodes sein könnten.«

Kapitel 22

Zoe, Diakonie Himmelspforte, 2075

Natalie hatte sie schon erwartet. Zoe fluchte innerlich. Es war lächerlich von ihr gewesen, überhaupt zu hoffen, dass sie Natalie hätte entwischen können. Nun saß sie wieder in ihrem Gefängnis, wieder mit der Fußfessel um das Sprunggelenk. Dass Natalie so ruhig geblieben war, deutete Zoe als schlechtes Zeichen. Gerade diese seltsam-ruhige Art machte Natalie noch psychopathischer. Sie hatte keine Ahnung, was sie mit Tommy getan hatte oder ob er überhaupt noch lebte. Immerhin war er dafür verantwortlich gewesen, dass sie überhaupt so weit gekommen war. Aber Natalie hatte gewusst, dass sie auf dem Weg nach draußen war. Wahrscheinlich hatte es ihr Spaß gemacht, sie kurzzeitig in dem Glauben zu lassen, sie könnte entkommen …

Die Tür öffnete sich klickend.

»Schätzchen, es geht lohos!«, trällerte Natalie und rieb sich erwartungsvoll die Hände.

Zoe krallte sich mit den Händen an einem der dünnen, metallenen Pfosten des Bettes fest. »Was geht los? Und wo ist Tommy?«, zischte sie.

»Oooch, der Tommy … Ich würde mir an deiner Stelle lieber Sorgen um dich selbst machen.« Sie kicherte und Zoe lief ein eiskalter Schauer über den Rücken.

Sie würde nicht freiwillig mitkommen. Natalie würde sie sicher löschen oder Schlimmeres. Zoe machte sich kampfbereit.

Egal, wie aussichtslos es war – wenn Natalie sie haben wollte, musste sie sich anstrengen.

Natalie warf einen Blick auf Zoes weiße Fingerknöchel, auf ihre Hände, die sich noch immer fest an den Bettpfosten klammerten. »Süße, das wird dir nicht helfen. Du denkst doch nicht allen Ernstes, dass ich dich da jetzt wegzerre, hm? Dafür habe ich Angestellte.« Sie pfiff durch die Finger und zwei der Securitymänner traten ein. Der erste schnappte ihren Arm, riss ihn vom Pfosten los und drehte ihn hinter ihren Rücken. Zoe schrie vor Schmerz auf. Sie trat und versuchte zu beißen, doch der zweite packte sie brutal an ihrem anderen Arm und ließ ihr keine Chance, sich irgendwo festzuhalten.

»Siehst du?«, triumphierte Natalie hochnäsig. »Du kannst dir die Kraft auch sparen.« Dann sagte sie, an die Männer gewandt: »Verletzt sie nicht, ich brauche sie intakt.«

Sie nickten, ließen aber nicht locker. Blaue Flecken zählten wohl als intakt.

Zoe trat weiter in heftigem Zorn um sich, doch die Wachmänner hoben sie wie auf Kommando hoch und ihre Tritte gingen ins Leere. Dennoch strampelte sie weiter und wand sich den ganzen Weg. In den Gängen, im Fahrstuhl, und auch, als sie ihr Ziel erreichten. Die Männer warfen sie auf eine Liege und zwei bereits wartende Pfleger schnallten sie fest.

Beide Handgelenke, beide Fußgelenke. Die Fußfessel wurde entfernt, doch in angeschnalltem Zustand nützte ihr das auch nichts mehr.

Das komplette Personal, inklusive Natalie, verließ den Raum und Zoe sank das kleine bisschen, dass sie sich hatte aufbäumen können, erschöpft zurück. Sie konnte nicht mehr.

Nun lag sie festgezurrt auf einer der Untersuchungsliegen und konnte lediglich den Kopf ein Stück nach links oder rechts drehen. Hinter sich erkannte sie, wenn sie den Kopf ganz in eine Richtung drehte, aus dem Augenwinkel eine große OLED-Wand und neben ihr stand eine weitere Liege mit Stahlringen zum Fixieren.

Was hatte Natalie vor?

Sie hörte wütendes Brüllen aus dem Flur und die Stimme kam ihr vage bekannt vor. Konnte es ... war es Marvin?

Sie versuchte den Kopf ein Stück anzuheben, als die Tür sich erneut öffnete, und erkannte ihn sofort. Der Blick, die Mimik, die Gestik ... ganz anders als Marvin. Es war Paul!

Er riss die Augen auf, als er sie sah. »Zoe«, keuchte er. »Es tut mir leid! Ich bin auf deiner Seite, ich habe ...« Ein Schlag des Wachmannes gegen Pauls Hinterkopf ließ ihn schmerzverzerrt verstummen und zischend die Luft einsaugen.

»Ich weiß«, krächzte Zoe und meinte, bei Paul ein dankbares Nicken zu erkennen.

Natalie stand zufrieden mit verschränkten Armen in der Mitte beider Untersuchungsliegen, während Paul neben ihr unter Protest festgebunden wurde.

»Was hast du vor, du Irre?«, brüllte Zoe. »Du bist wahnsinnig!«

»Könnte man so sagen. Aber nicht mehr lange«, sagte sie lächelnd. Sie gab erneut einen Pfiff von sich und machte eine wedelnde Handbewegung, woraufhin die beiden Securitymänner und Pfleger verschwanden.

Dann rieb sie sich voller Vorfreude die Hände.

»Genießt eure letzten Minuten miteinander. Ich meine, falls es nicht klappt. Wäre aber wirklich schade. Immerhin behandelt euch die Chefin höchstpersönlich.« Sie kicherte und ihre Schritte verklangen hinter Zoes Kopf.

Natalie war zur OLED-Wand gegangen.

Zoe warf einen flehenden Blick zu Paul, der ihr ebenfalls einen verzweifelten Blick aus seinen blauen Augen zuwarf. »Es tut mir so leid, Zoe«, flüsterte er. »Es ist alles meine Schuld.«

»Nein, es ist meine Schuld. Ich war es, die das Programm geschaffen hat, die das alles erst möglich gemacht hat. Mir tut es leid. Ich habe es ja nicht anders verdient, aber du …« Eine Träne lief Zoes Wange hinab und ihre Unterlippe bebte.

»Hör zu. Natalie hat vor, ihre Schwester …«

»Schluss mit den langweiligen Liebesbekundungen!« Natalie klatschte laut in die Hände und Zoe sah, dass Paul ebenso zusammenzuckte wie sie selbst. »Was jetzt passiert, ist eine große Überraschung. Und falls ihr gleich noch lebt, werde ich euch als Belohnung erklären, um was es sich bei meinen Intentionen handelt. Ich bin ja kein Unmensch.«

Sie trällerte fröhlich: »Es geht lohos!«

Direkt nachdem sie das ausgesprochen hatte, ratterte es plötzlich laut. Zoes Muskeln erschlafften und sie wurde in tiefe Schwärze gezogen.

Es fühlte sich an, als würde sie sich rückwärts von einem Hochhaus fallen lassen – und als würde der Sturz niemals enden. Es zog sie nach hinten, nach unten, Daten rauschten an ihr vorbei und alles wurde dunkler und dunkler. Etwas streifte sie und kurz darauf verlor Zoe jegliches Körpergefühl. Bereits eine Sekunde später war sie weg.

∞

Benommen öffnete Zoe die Augen. Sie fühlte sich ausgelaugt und schlapp. Was war passiert und wo war sie? Einen Moment flackerte das Bild vor ihren Augen, dann erkannte sie das Glas der Untersuchungsliege.

Natürlich. Natalie … Paul!

Sie drehte ihren Kopf nach rechts und starrte verwundert auf die Wand. Wieso? Wieso war da, wo eben noch Paul gewesen war, eine Wand?

Irritiert drehte sie den Kopf in die andere Richtung und erstarrte.

Dort lag sie selbst, die Augen geschlossen.

Unmengen von Adrenalin jagten durch ihren Körper und sie begann zu zittern, als sie den Blick abwandte und an ihrem neuen Körper heruntersah.

Nein.

Das durfte nicht sein!

Sie wackelte ungläubig mit dem Zeh. Dann mit den Fingern. Es funktionierte.

Ihr Bewusstsein war in Pauls Körper.

Aber wo war dann Paul?

Etwa in ihrem? Aber ihr eigener Körper lag schlaff auf der anderen Liege, die Augen geschlossen.

Natalie stand in der Mitte, am Fußende der beiden Liegen. Sie sah zwischen ihnen hin und her und bemerkte, dass Zoe wach war. Eilig kam sie näher und sagte: »Bei dir hat's wohl geklappt?«

»Was ha…« Zoe erschrak, als sie ihre jetzt eigene, tiefe Stimme hörte und verstummte sofort wieder.

»Wunderbar!«, jubelte Natalie mit wahnsinnigem Blick und wandte sich zu der anderen Liege. Sie gab Zoes Körper eine heftige Backpfeife und Zoe wartete auf den Schmerz – doch es war nicht mehr ihr Körper, also spürte sie nichts. Panik stieg von ihrer Körpermitte zu ihrer Kehle hinauf und schnürte ihr die Luft ab. Sie fühlte, wie sie zu schwitzen begann, während ihr tausend Fragen durch den Kopf schossen: War Paul tot? War Marvin tot? Würde sie je wieder ihren eigenen Körper zurückbekommen? Oder war sogar ihr eigener Körper tot?

Bitte, Paul, wach auf.

»Nein, nein, nein!«, schrie Natalie, als Zoes Körper sich noch immer nicht regte.

Von Pauls – jetzt Zoes – Position aus konnte Zoe sehen, wie Natalie das Display auf der Glasröhre bediente und die Vitalfunktionen überprüfte. Soweit sie es von dort ablesen konnte, ging es ihrem Körper gut. Nur Pauls Bewusstsein offensichtlich nicht, denn es tat sich nichts.

Wütend schlug Natalie gegen die Röhre.

Und dann, endlich, öffnete Zoes Körper die Augen. Es war so beängstigend und skurril, sich selbst dort liegen zu sehen. Vor allem, wenn das eigentliche Ich sich auch noch bewegte ... Der Körper – Paul – starrte sie an und Zoe konnte sehen, wie sich die Erkenntnis breitmachte, wie er begriff, was geschehen war.

Er krächzte mit ihrer eigenen Stimme: »Was ... ist das?«, und hyperventilierte fast.

»Ja! Whohoo!« Natalie ließ einen Freudenschrei los, der Zoe noch mehr Angst machte, und sah mit vor Aufregung geröteten Wangen zwischen ihr und Paul hin und her. Dann nahm sie ihre Halskette in die Hand und gab dem Anhänger einen Kuss.

Warum tat sie das? Warum tauschte sie ihre Körper?

Zoe machte sich auf ihre neue, tiefe Stimme gefasst und brachte heiser hervor: »Was hast du getan? Hast du vor, das … so zu lassen?«

Natalie warf den Kopf nach hinten und lachte schrill. Als sie den Kopf wieder nach vorne beugte, gackerte sie noch immer und eine Träne lief ihre Wange hinab. »Das wäre ZU lustig!«, japste sie. »Bring mich lieber nicht in Versuchung!« Sie holte ein paar Mal tief Luft, tupfte ihre Tränen ab und sammelte sich. Mit ruhigerer Stimme fuhr sie fort. »Das ist die geniale Programmerweiterung, von der ich dir schon erzählt habe, Süße. WP-beta 1.3, konzeptioniert für den Wirtstausch von zwei Menschen. Endlich funktioniert es! Wenn jetzt noch der Rücktausch klappt, kann ich das meinem Kunden mitteilen. Das wird ein Geschäft! Niemand muss mehr sterben. Ausgewählte Menschen können ewig leben! Und dann noch mein kleines persönliches Vorhaben. Hach, das wird super. Endlich!«

Natalie stemmte die Hände in die Hüften und drehte sich zu Paul, der den Schock genauso wenig verkraftet hatte wie Zoe.

»Paul, wie geht es dir?«, fragte sie und klang dabei ehrlich interessiert. Wahrscheinlich war sie das auch, aber nur, weil sie etwas mit diesem Wirtstausch bezweckte.

»Leck mich!«, brachte Zoes Stimme hervor, obwohl Paul es gesagt hatte. Sie hatte gar nicht gewusst, dass sie mit ihrem zarten Stimmchen so bedrohlich klingen konnte.

»Es scheint dir gut zu gehen, wunderbar«, schloss Natalie zufrieden.

Zoe wand sich unter ihren Fesseln. Mit Pauls Körper würde sie Natalie wunderbar eine reinhauen können – doch leider saßen die Stahlringe zu fest. Was hatte sie auch erwartet? Paul hatte sich ja auch nicht freiwillig festbinden lassen.

Zoes eigene Stimme rief ihr zu: »Sie will ihre Schwester tauschen! Aber ihre Schwester ist …«

Natalie klackerte mit ihren High Heels lächelnd zur OLED-Wand und drückte etwas. Kurz darauf ging es wieder los, unwillkürlich schloss Zoe die Augen und falls Paul noch etwas gesagt hatte, ging es in dem Sog unter, der sie augenblicklich nach hinten riss. Wieder fühlte es sich an wie unendliches Fallen, wieder rauschten Daten, Codes und Zahlen an ihr vorbei, bis sie schließlich in der Dunkelheit versank.

»Wieder da?«, fragte Natalies Stimme in besorgtem Ton. Zoe öffnete die Augen und sah Natalies Gesicht über sich – über der Wand aus Glas, gespickt mit Technik, die sie voneinander trennte. Schnell drehte Zoe den Kopf nach rechts und war erleichtert, als sie Pauls Körper dort liegen sah. Auch er blinzelte bereits und schien diesmal schneller aufzuwachen.

Natalie wandte den Blick ab und betrachtete Zoes Vitalfunktionen. »Wunderbar …«, murmelte sie. »Hervorragend. Damit kann ich arbeiten.«

Danach ging sie zu Paul und überprüfte seine Werte ebenfalls gewissenhaft. Mit einem: »Sehr schön«, schloss sie ihre Untersuchung ab und öffnete die Tür, um den Wachmännern etwas zuzuflüstern. Einer machte sich auf den Weg und ging davon, zwei weitere traten zu Natalie, die sich Paul wieder näherte, in den Untersuchungsraum.

Natalie deutete auf Paul und ließ die Liege unter der Glasröhre herausfahren. »Ihn könnt ihr entsorgen, wir brauchen ihn nicht mehr.«

»Was?«, schrie Zoe und auch Pauls Augen weiteten sich entsetzt. Hastig wandte er sich an Zoe und sagte: »Ihre Schwester, sie will dir ihre Schwester einpflanz...« Der Schlag eines Wachmannes ließ ihn verstummen.

»Nein!«, brüllte Zoe und zappelte weiter, doch die Stahlringe saßen genauso stramm wie zuvor und öffneten sich keinen Millimeter.

Sie schoben den bewusstlosen Paul auf der Liege hinaus und Natalie klackerte mit ihren langen Fingernägeln auf der Röhre herum, unter der Zoe lag, und sah ihm hinterher.

Eine Pflegerin, die ganz blass aussah, huschte an der Tür vorbei. War das nicht diese Marion gewesen? Die Einzige, die nett zu ihr gewesen war?

Ein Pfleger und eine Pflegerin, die eine neue Liege vor sich herschob, traten ein. Die Frau kannte sie nicht – aber den Mann.

»Tommy!«, keuchte Zoe. »Hilf mir!«

Tommy sah sie stirnrunzelnd an.

Natalie winkte ab. »Das ist nicht Tommy«, sagte sie zwinkernd. Natürlich. Sie hatte ihn gelöscht.

Nach einem letzten kritischen Blick wandte er sich schulterzuckend ab und sah zu Natalie. »Geht es los?«, fragte er, während die Frau bereits die neue Liege in Richtung Röhre schob.

»Was hast du vor?«, fragte Zoe panisch. Ihre Gedanken überschlugen sich. Es gab keine Hoffnung, sie hatte keine Chance, zu flüchten.

Kapitel 23

Charlie, Bunker FreeMinds, 2075

»Ja, das müssten Zugangscodes sein«, bestätigte Josi.
»Die Frage ist, sind sie für das Gebäude von Better Life oder für die Diakonie?« Tristan rieb sich grübelnd das Kinn und Charlie sah fragend zu Josi auf, die über den Papieren hockte und nachdachte.
»Das sind Universalcodes – und zwar hoch komplizierte. Ich denke, die sollten für beide Gebäude funktionieren. Außer sie hätten unwahrscheinlicherweise eines nicht richtig abgesichert, aber dann kämen wir relativ einfach rein – daher glaube ich das nicht.«
»Aber wie wenden wir sie an?«, gab Charlie zu bedenken. »Wir brauchen doch irgendwas dafür … wir können ja schlecht Papierschnipsel an den Scanner halten.«
»Natürlich nicht«, grummelte Josi. »Ich mache neue ID-Chips fertig.« Sie fotografierte die Daten mit einem Mini-RD ab und verließ geschäftig das Zimmer, ohne noch etwas zu sagen.
»Okay …«, sagte Tristan schulterzuckend.
Charlie zuckte ebenfalls mit den Schultern und sagte: »Lass uns Cordula zeigen, was wir haben. Damit sie nicht anfängt, ihren anderen wahnhaften Plan in die Tat umzusetzen.«
Was er von ihrer Aussage *wahnhafter Plan* hielt, verriet er nicht, nickte jedoch zur Zustimmung.

Tristan ging vor und Charlie folgte ihm – und wurde dabei fast von Marion umgerannt.

»Ich muss sofort zu Cordula«, keuchte sie außer Atem. »Es gibt einen Notfall! Kommt mit!«

»Da wollten wir sowieso hin«, sagte Tristan und so rannten sie eilig die letzten drei Meter bis zu Cordulas Tür.

Cordula hatte das Getrampel gehört und die Tür bereits geöffnet. »Was ist los?« Ihre Augen wirkten wach und klar, ihre Muskeln angespannt.

Marion schnaufte einen Moment und antwortete dann, während sie abwechselnd in die drei sie anstarrenden Augenpaare sah. »Es ist schlimm genug, dass sie neben Zoe auch Paul haben. Aber das ist noch nicht alles. Zoe und Paul wurden getauscht. Ihr Bewusstsein jeweils in den anderen Körper.«

»Was?«, riefen Charlie und Cordula im Chor.

»Woher weißt du …«, setzte Tristan an.

Marion fasste sich an die Stirn, als könnte sie selbst nicht fassen, was passiert war. »Ich habe von Tommy erfahren, dass das passieren soll. Und kurz nachdem er mir das sagen konnte, wurde er selbst gelöscht, weil Natalie ihn als Verräter entlarvt hat, als er Zoe rausschmuggeln wollte. Es hat alles nicht so geklappt, wie wir es abgesprochen haben.« Beschämt ließ sie die Schultern sinken und sah zu Boden.

»Moment«, mischte Tristan sich ein. »Wann wurde das denn abgesprochen?«

Cordula winkte ab. »Schht, lass uns erst mal zuhören.«

Tristan und Charlie warfen sich einen wissenden Blick zu. Offensichtlich gab es da ein paar Absprachen, von denen sie beide nichts wussten.

»Na ja«, sprach Marion weiter. »Immerhin lebt Tommy, ich hoffe, wir können ihn zurückholen. Ich war zum Glück bei einer Besprechung mit Natalie, sodass ich nicht in Verdacht geraten bin. Übrigens hatte ich zuvor ein Gespräch zwischen Paul und Grewe belauscht, das auch sehr aufschlussreich war ... Wir müssen Tommy, Zoe und Paul schnellstens aus dem Gebäude holen. Tommy ist zwar nicht in akuter Gefahr, weil Natalie sich seiner jetzt sicher sein kann, aber Zoe steht kurz vor einem erneuten Wirtstausch und Paul wird gar nicht mehr gebraucht. Und ihr wisst sicher, was das bedeutet ...«

Cordula nickte und presste ihre Lippen zu einem schmalen Strich zusammen. »Wir *werden* sie rausholen. Und wenn wir schon mal drin sind, zerstören wir auch gleich das Programm.«

»Mal eben so, ja?«, fragte Charlie in gehässigerem Ton, als sie es gewollt hatte, weshalb sie sich kurz räusperte, als wäre ihre Tonlage nur durch einen Frosch im Hals bedingt gewesen.

Cordula antwortete in ironischem Ton: »Natürlich nicht *mal eben so*. Planen müssen wir das schon. Kommt.«

Sie marschierte einfach los und erwartete, dass alle ihr folgten – und genau so war es auch.

Charlie kam sich vor wie bei einem Gänsemarsch, als sie Cordula dicht hintereinander in den Besprechungsraum folgten, an dessen Ende sich einige Kisten befanden. Cordula steuerte direkt darauf zu und angelte einige Dinge aus der ersten Kiste, die sie dann auf dem Boden ausbreitete. »Das haben wir nach und nach angesammelt«, sagte sie. »Security-Uniformen, Pflegerkleidung. Dafür wäre also schon mal gesorgt.«

»Wir haben's geschafft, diese Codes in Pauls Auto zu finden«, sagte Tristan. »Josi macht uns gerade Chips fertig. Wie viele, weiß ich nicht, aber vielleicht ausreichend, dass wir in Zweiergruppen reingehen können – somit hätten wir also einen Zugang zum Gebäude und eine Verkleidung, in der wir nicht sofort auffallen, wenn wir uns richtig verhalten. Bleibt noch die Frage, wo wir das Programm finden und wie wir es dann löschen.«

Charlie schaltete sich ein. »Dafür brauchen wir dann Zoe. Als Erschafferin wird sie wissen, wie wir es vernichten und inwieweit es verbreitet sein könnte.«

Marion nickte zustimmend und sagte mit ihrem bayrischen Akzent: »Und zwar, bevor sie zu jemand anderem wird.«

Zu Charlies Erstaunen nickte auch Cordula. »Okay. Marion, weißt du, wo genau sich Zoe befindet? Ist Natalie bei ihr?«

Wieder nickte Marion. »Ich kann euch hinbringen.«

Tristan wandte sich ebenfalls mit einer Frage an Marion. »Und Paul? Wo finden wir Paul, bevor es zu spät ist?«

Marion blickte zu Boden. »Ich weiß überhaupt nicht, ob wir das rechtzeitig schaffen. Er wird wieder neben Grewe in der Zelle sein, bis jemand die Zeit findet, ihn ... zu entsorgen. Ich weiß nicht genau, wie, so sehr vertraut mir Natalie nicht, dass ich über das – wie soll ich sagen – Entsorgungsprozedere genau Bescheid wüsste.«

»Okay«, sagte Tristan. »Also ist unsere Hoffnung, dass er in der Zelle neben Grewe wartet. Du sagst uns, wo die ist, und wir teilen uns in zwei Gruppen auf.«

Nach einem zustimmenden Nicken machten sie sich auf den Weg zu Josi, um nach den Chips zu fragen und die restlichen Einzelheiten zu besprechen, während Marion die jeweiligen Wege erklärte.

Kapitel 24

Charlie, vor der Diakonie, 2075

Der Wagen hielt zwei Straßen von der Diakonie entfernt.

»Jeweils ein Pfleger und ein Securitymensch sollten kaum auffallen«, fasste Cordula noch einmal zusammen. »Tristan, Charlie, ihr holt Paul, während wir versuchen, zu Zoe zu gelangen. Wenn ihr ihn habt, kommt ihr zu uns und wir helfen Zoe. Habt ihr eure Sprays griffbereit?«

Charlie überprüfte noch einmal, ob alles saß. Sie hatte die typische weiße Kleidung der Pfleger und Pflegerinnen der Diakonie an. Marion ebenso, denn sie war ja auch offiziell Pflegerin der Diakonie und Mitarbeiterin von Better Life. Ihr K.o.-Spray befand sich in ihrer Hemdtasche.

Tristan und Cordula trugen eine Securityuniform – und Tristan sah verdammt gut darin aus. Er warf ihr einen fragenden Blick zu, an dem sie merkte, dass sie ihn wieder einmal angestarrt hatte. Hastig wandte sie ihren Blick zurück zu Cordula. Sie hatten jetzt keine Zeit für so etwas. »Alles an Ort und Stelle«, sagte sie.

Die anderen bestätigten ebenfalls, dass sie alles hatten, was sie brauchten. Die Codes hatte Josi auf ihre Chips transferiert anstatt neue herzustellen, und war sehr stolz auf ihre Idee gewesen.

Jetzt mussten sie nur noch funktionieren.

»Dann geht es los«, sagte Cordula entschlossen.

Sie stiegen aus dem Wagen und ließen Cordula und Marion vorgehen. Eine Vierergruppe würde zu viel Verdacht erregen, zumal gerade keine neue Schicht begann.

Nervös sah Tristan auf sein GAB. »Zwei Minuten, dann gehen wir auch rein.«

Charlie nickte nur und verlagerte ihr Gewicht nervös von einem Bein aufs andere, während sie auf die Straßenecke starrte, hinter der Cordula und Marion soeben verschwunden waren.

Völlig unerwartet spürte sie die Berührung von Tristans Hand an ihrer Schulter.

»Wir schaffen das«, sagte er.

»Das tun wir.« Sie lächelte und hauchte ihm einen flüchtigen Kuss auf die Wange. Damit überraschte sie nicht nur Tristan, sondern auch sich selbst.

Doch die Konzentration hatte sie sofort wieder. Auch Tristan schien angespannt und sah erneut auf sein GAB. »Es geht los.« Wie er es sagte, klang es dennoch ein wenig bedauernd.

Sie marschierten auf ihr Ziel zu. Hoffentlich klappte alles wie geplant und Cordula näherte sich mit Marion bereits Zoe, um ihr zu helfen.

Nur noch ein paar Meter bis zur Diakonie. Charlies Nerven waren zum Zerreißen gespannt und Tristan schien es nicht besser zu gehen. Sie konnte seine Nervosität beinahe körperlich spüren. Ihr schneller Atem stieß kleine Dampfwölkchen in die Luft, als sie vor dem Eingang stehen blieben. Wie trügerisch idyllisch es hier aussah. Ein unscheinbares Stückchen Reihenhaus, ein kleines, gepflegtes Gärtchen davor ...

Tristan machte den Anfang. Er hielt seine Hand an den Scanner und die Tür öffnete sich. Sogleich nahmen sie

Haltung an. Charlie versuchte geschäftig auszusehen, als sie in Richtung Fahrstuhl ging, und Tristan folgte ihr mit achtsamen Blick, wie es ein echter Securitymann getan hätte.

Von rechts spürte Charlie die Blicke einer Dame am Empfang und nickte kurz in ihre Richtung. Die Frau runzelte die Stirn, nahm es aber hin. Vermutlich zweifelte sie eher an sich selbst, weil sie Charlie noch nie gesehen hatte, als dass sie daran dachte, dass sich gerade eine Aktivistengruppe ins Gebäude geschlichen hatte.

Charlie war außer Atem vor Angst, wahrte aber die Fassung, als sie ihren Chip an den Scanner des Fahrstuhls hielt. Es klappte.

Ding.

»Bitte gehen Sie durch den Scanner.«

Tristan stieg direkt hinter Charlie in den Fahrstuhl und beide wagten es, kurz aufzuatmen, als die Türen sich schlossen.

»Hoffentlich schaffen wir es«, flüsterte Charlie.

»Wir schaffen es ganz sicher.« Tristan lächelte zuversichtlich, aber Charlie wusste genau, dass auch er Angst hatte.

Ding.

»Bitte Sicherheitsprotokoll beachten.«

Ein widerlicher Geruch stieg in Charlies Nase, als sie aus dem Fahrstuhl traten. Es roch verfault und nach Exkrementen und Charlie wurde für einen Augenblick übel. Sie schaute nach links und rechts. Der Gang war nur spärlich beleuchtet und bis auf einige Hocker und vergitterte Türen am Ende des Flures konnte sie nichts erkennen. Keine Security, keine Pfleger. Zu hören war ebenfalls nichts.

Dann registrierte sie, was die Fahrtstuhlstimme eben gesagt hatte. »Tristan, das Sicherheitsprotokoll!«, flüsterte sie.

Er nickte und hielt, nachdem er ebenfalls ausgestiegen war und aufgrund des Geruchs kurz das Gesicht verzogen hatte, sein Handgelenk an den Scanner im Flur. Zweifaches Scannen war Pflicht, hatte Marion ihnen erklärt. Sonst wurde innerhalb von zwei Minuten ein Alarm ausgelöst.

Es schien zu funktionieren.

Eilig gingen sie ganz nach hinten, wie Marion es ihnen erklärt hatte.

»Paul?«, flüsterte Tristan. Und alles, was er daraufhin hörte, war ein leises Lachen.

»Paul?«, fragte er noch einmal.

»Euer Paul ist abgeholt worden.«

Diese Stimme ... Grewe! Charlie verzog angewidert das Gesicht. Dass dieser abartige Geruch aus seiner Zelle drang, ekelte sie gleich doppelt an. »Sie!«, zischte sie.

Und auch Tristan presste die Lippen zu einem schmalen Strich zusammen, als er die Stimme erkannte.

Charlie spähte durch die Gitterstäbe und erkannte seine erbärmliche Gestalt. Er hockte barfuß mit stark verdreckter und kaputter Kleidung, wohl sein ehemaliger Anzug, auf dem Boden. Seine Hände waren über dem Kopf an die Wand gekettet.

»Ja, ich.« Er drehte den Kopf leicht, sodass er sie direkt ansah. »Und ich habe gehört, wo sie ihn hingebracht haben. Wenn ihr mich also hier rausholt ...«

»Sie müssen ja echt verzweifelt sein!«, schimpfte Charlie. »Ich bin doch nicht bescheuert und lasse das Arschloch der Nation frei!«

Tristan zog sie vorsichtig am Arm ein Stück zurück, sodass sie wieder außer Sichtweite waren.

»Was?«, fragte Charlie trotzig.

»Grewe ist das größte Arschloch aller Zeiten, neben seiner Tochter, das steht außer Frage. Aber Paul ist mein bester Freund und irgendwo in ihm steckt auch noch Marvin. Wenn das unsere einzige Chance ist, müssen wir sie nutzen.«

Charlie stöhnte entnervt, weil sie wusste, dass er recht hatte. Ohne Grewe würden sie Paul niemals finden und somit auch Marvin nicht. Und falls sie ihn doch finden würden, wäre es bis dahin vielleicht zu spät. »Ich weiß, ich weiß. Ich wollte ihm wenigstens ganz kurz den verbalen Stinkefinger zeigen. Holen wir ihn raus und dann schnappen wir uns Paul-Marvin.«

Tristan nickte, ging die zwei Schritte vorwärts und öffnete die Tür mit dem Chip. Er würgte kurz, als er Grewes Zelle betrat und Charlie ging es nicht viel besser. »Boah, widerlich ...«, brachte sie hervor.

»Gute Entscheidung, Amy«, sagte Grewe heiser. Er sah schlimm aus. Wer wusste schon, wie lange er bereits hier unten hockte. Wie viel Zeit war seit Natalies Übernahme vergangen? Mehrere Monate mussten es gewesen sein.

»Charlie«, verbesserte sie ihn. »Nicht Amy.«

Er nickte, während Tristan sich an Grewes festgeketteten Händen zu schaffen machte. »Stimmt ja. Sie sind ja wiederhergestellt. Und, Herr Römer, auf wessen Seite stehen Sie denn nun? Ich komme langsam nicht mehr mit.«

Mit einem Klacken sprangen die Handschellen auf und Grewe verzerrte vor Schmerz das Gesicht, als er seine Arme langsam wieder nach vorne brachte, in eine normale Position. Tristan ignorierte seine Frage und trieb ihn stattdessen an. »Jetzt kommen Sie hoch, wir haben nicht ewig Zeit.« Mit angeekeltem Gesichtsausdruck packte er Grewe und half ihm beim Aufstehen.

Als Grewe auf wackeligen Beinen zum Stehen kam, lehnte er sich schwankend an die Wand.

»Wo ist Paul?«, hakte Tristan nach. »Wenn Sie nicht kooperieren, binde ich Sie direkt wieder fest!«

»Immer langsam!« Beschwichtigend hob Grewe die Hände ein Stück nach vorne und rang um sein Gleichgewicht. »Paul wurde von zwei Securitys auf einer Liege hier in den Gang geschoben. Er war bewusstlos. Vor etwa fünf Minuten hat man ihn abgeholt und die beiden Pfleger, die ihn mitnahmen, sagten etwas von der dritten Etage. Ich denke, er wurde da in einen der Untersuchungsräume gebracht. So war es zumindest früher, wenn wir jemanden nicht mehr brauchten.«

»Dann gehen Sie mal voran.« Tristan packte ihn am Arm und zerrte den torkelnden Mann hinter sich her. Charlie war noch immer fassungslos, wie erbärmlich er aussah und wie bestialisch er stank, sodass sie schnell an Tempo zulegte, um die beiden zu überholen und vor ihnen am Fahrstuhl zu sein. Sie scannte sich zweimal, wie es das Sicherheitsprotokoll vorschrieb, und dann fuhren sie nach oben. Dabei hielt sie die Luft an, so gut es ging.

Oben angekommen, spähte Tristan in den Flur, ehe sie ausstiegen. Er nickte und schob Grewe vor sich, damit er ihnen den Weg zu besagtem Raum zeigen konnte.

Als sie um die Ecke nach rechts abbogen, hinter der sich direkt der Raum befinden sollte, blieb Charlie fast das Herz stehen. Zwei Securitys standen vor dem Zimmer und bewachten es. Sie tauschte einen kurzen Blick mit Tristan, der danach wiederum zu Grewe sah und ihm bedeutete, ruhig zu sein. Es war, als würden sie sich ohne Worte verstehen.

Sie gingen geradewegs auf die beiden Männer zu, die die drei skeptisch beäugten. Bei ihnen angekommen, sagte Charlie: »Der hier kommt auch noch dazu«, und deutete mit einem Nicken auf Grewe und dann auf die Tür.

Die Securitys wechselten einen Blick. »Davon weiß ich nichts«, sagte der rechte Mann mit dem raspelkurzen Militärhaarschnitt und sah zu seinem Kollegen. »Is' dir was bekannt?«

Sein Kollege, ein breiter und muskulöser Typ, schüttelte den Kopf. »Nope. Ich werde es überprüfen. Brauch eure ID's.«

Charlie schluckte und hielt ihm ihr Handgelenk hin. Mr Schrank holte einen kleinen mobilen Scanner aus seinem Gürtel und überprüfte die ID. Charlies Herz raste und ihre Knie wurden butterweich.

Haltung bewahren, nichts anmerken lassen!, sagte sie sich.

Der Schrank runzelte die Stirn und zeigte seinem Kollegen das Gerät. Daraufhin musterte der die kleine Truppe von oben bis unten. »Seltsam …«, murmelte er.

Charlie bemerkte, wie Tristan vorsichtig seine Hand in die Tasche schob, und tat es ihm gleich. Sie umklammerte fest das Spray, als der rechte Wachmann sagte: »Scann noch mal.«

Erneut kam der Schrank näher und Charlie ließ das Spray los und hielt ihm das Handgelenk hin, damit er das Gerät erneut darüberfahren lassen konnte.

Er schüttelte den Kopf. »Nicht identifizierbar«, sagte er und sein Gesicht verfinsterte sich. »Drehen Sie sich an die Wand, Hände über den Kopf!«, befahl er. Sein Kollege zückte eine Waffe und zielte auf Tristan.

Doch noch bevor Tristan seine Hand aus der Jackentasche ziehen konnte, hatte Grewe verborgene Kräfte mobilisiert, mit denen niemand gerechnet hätte, und trat dem Mann mit der Pistole kräftig in sein bestes Stück. Der Mann stockte nur eine Sekunde vor Schmerz, doch das genügte Charlie, um das Spray herauszuholen und es dem Wachmann direkt in sein Gesicht zu sprühen.

Grewe stand außer Atem daneben und lehnte sich, nun wieder kraftlos, gegen die Wand.

Charlie wirbelte herum zu dem anderen Wachmann, der Tristan bereits mit einem Arm in einem Würgegriff hielt und mit einer Waffe in der anderen Hand auf sie zielte.

»An die Wand! Sofort!«, befahl er. »Ansonsten werde ich schießen!«

Wütend ballte Charlie die Hände zu Fäusten. Was jetzt? Der Typ sah aus, als würde er seine Drohung jede Sekunde in die Tat umsetzen. Sie fasste einen Entschluss. Mit einem Ruck packte sie sich Grewe und hielt ihn vor sich, während sie mit voller Kraft auf den Wachmann zusteuerte und mit dem Spray, was sich noch in ihrer Hand befand, auf das Gesicht des Wachmannes zielte und sprühte. Ein Schuss löste sich mit einem lauten Knall und Charlie spürte einen leichten Ruck, aber keinen Schmerz. Grewe keuchte und Tristan schrie auf. Er reagierte sofort, als sich der Würgegriff des Wachmannes zumindest ansatzweise löste, wirbelte herum und schlug ihm die Faust gegen die Nase. Charlie ließ Grewe los, sprang nach vorn und setzte noch einen Sprühstoß hinterher.

Jetzt lag er wirklich flach und würde für eine Weile schlafen.

»Das war knapp«, krächzte Tristan. Und dann noch, nach kurzem Zögern: »Danke.«

Zeitgleich drehten sie sich herum und sahen auf Grewe, der zur Wand gerobbt war und sich die Seite hielt. Dass er blass war, wäre noch untertrieben ausgedrückt gewesen – seine Gesichtsfarbe zeigte kaum einen Unterschied zu der weißen Farbe der Wand hinter ihm. »Ich kann's Ihnen nicht mal verdenken«, japste er. »Räumen Sie die Wachmänner beiseite, sonst hat der Spaß gleich ein Ende.« Er nickte in Richtung der beiden Männer, die aussahen, als hätten sie zu viel getrunken.

»Können Sie aufstehen?«, fragte Charlie und hielt ihm die Hand hin. Immerhin hatte er sie vor einer neuen Schusswunde bewahrt, auch wenn das eher ihr als sein Werk gewesen war. Dankbar ergriff er sie und zog sich daran hoch. Sie stemmte fast sein ganzes Gewicht, weil er so kraftlos war. Mit einem kurzen Blick auf seinen Oberkörper stellte sie fest, dass es sich vermutlich nur um einen Streifschuss handelte. Gut, so würde er wenigstens nicht vor ihren Augen verbluten.

Tristan zerrte den Mann, der ihn im Würgegriff gehabt hatte, in Richtung Tür zu dem anderen, und Charlie scannte sich, um die Tür zu öffnen.

Sie sprang sofort auf und gestattete ihnen freie Sicht auf einen kahlen Raum mit vielen medizinischen Geräten. In der Mitte befand sich die Liege, auf der Paul, der vermutlich noch immer Marvins Körper besetzte, lag. Schnell näherte sich Charlie und sah, dass er die Augen geöffnet hatte. »Paul? Oder ... Marvin?«, fragte sie.

Er lächelte. »Charlie ...«, flüsterte er und sah ihr tief in die Augen, blickte zu Tristan, der einen der Wachmänner in den Raum schleifte, dann wieder zu Charlie.

Marvin, das musste Marvin sein!

Dann flackerten seine Augen und ein anderer Gesichtsausdruck trat auf sein Gesicht.

»Charlie!«, rief er jetzt noch einmal mit kräftigerer Stimme.

Nun war es eindeutig Paul, der sprach. Oder? »Paul?«, fragte sie unsicher und schluckte schwer, weil sie ihre vielleicht einzige Chance verpasst hatte, mit Marvin zu sprechen.

Er nickte. »Ich bin es. Tut mir leid, ich weiß, du hättest lieber jemand anderen gesehen ... Aber ich bin froh, dass ihr es geschafft habt. Sie wollten mich umbringen ...«

»Wissen wir«, keuchte Tristan, der gerade den zweiten Wachmann in den Raum zerrte. Als er fertig war, machte er sich sofort daran, Pauls Füße zu befreien, während Charlie die Schnallen von Pauls Händen und seinem Oberkörper löste. Paul hatte eine dicke Beule am Kopf und kniff die Augen zusammen, als er sich langsam aufrappelte.

»Dicker Kopf?«, fragte Tristan, der um die Liege herumgegangen war, um Paul beim Aufstehen zu helfen. »Sieht übel aus.«

Paul wedelte seine Hand weg, als wäre sie ein lästiges Insekt. »Ich kann schon noch alleine aufstehen.«

Tristan verdrehte die Augen und grinste. »Okay, Superman. Dann lass uns mal Zoe holen.«

»Äh ...« Charlie tippte Tristan auf die Schulter, woraufhin er sich fragend zu ihr drehte. »Hm?«

»Grewe ist weg.«

Kapitel 25

Zoe, Diakonie Himmelspforte, 2075

»Tommy, irgendwo in dir spürst du die Wahrheit. Niemand wird bei der Löschung vollständig ausradiert. Kämpfe!« Zoe redete auf Tommy ein, der ihre Rede ignorierte und weiter an der Röhre hantierte.

»Alles bereit?«, wandte sich Natalie an ihn.

Er nickte, ging mit mechanischen Bewegungen zur OLED-Wand und blieb davor stehen. Die Pflegerin stand neben der zweiten Liege und wartete.

Natalie hingegen schritt gemächlich zu Zoe und beugte sich ein Stück vor, betrachtete ihre Gesichtszüge genau, so als wäre sie ein Stück einer kostbaren Ware.

»Du bist perfekt für sie«, sagte sie. »Nur deine Haare müssen wir färben und kleine Optimierungen vornehmen, aber das sind Kleinigkeiten.«

»Ich bin perfekt für wen?« Zoe fröstelte. Wer würde gleich in diesen Raum spazieren? Mit wem sollte sie getauscht werden?

»Darf ich dir Lydia vorstellen? Natalie deutete neben sich, doch da stand niemand. »Meine Schwester. Ich weiß, du kannst sie nicht sehen, aber ich sehe sie. Jeden Tag. Jede Stunde. Jede Minute. Und auch du wirst sie kennenlernen, mehr, als dir lieb ist. Auch wenn du das nur aus einer winzigen Ecke deines Bewusstseins wahrnehmen wirst – wenn überhaupt.«

»Deine ... Schwester?« Das war also, was Paul gemeint hatte. Natalie halluzinierte, es gab gar keine Schwester! Und diese Halluzination wollte sie nun in Zoe pflanzen? Zoe überlegte fieberhaft. Die Chance, dass das klappte, war gering. Außer ihre Schwester war für Natalie so präsent, dass sie wirklich einen Teil ihres Bewusstseins ausmachte, was normalerweise nicht bei Halluzinationen, sondern nur bei gespaltenen Persönlichkeiten geschehen konnte. Doch wer wusste schon, was in ihrem Hirn genau vor sich ging? Vielleicht war sie gespalten *und* halluzinierte? Zumindest konnte es durchaus sein, dass der Versuch des Wirtstausches Zoes Gehirn nachhaltig schädigen würde, also musste sie Natalie unbedingt bei der Stange halten.

»Ja, meine Schwester Lydia. Wir sind fast Zwillinge, nicht wahr? Zumindest Schwestern und Seelenverwandte.« Sie drehte sich zur Seite und lächelte in die Luft – wahrscheinlich lächelte sie ihre Halluzination an.

»Wieso nur fast? Wie weit seid ihr auseinander?«, fragte Zoe, um Zeit zu schinden. Jede Sekunde war kostbar, wenn es um das eigene Leben ging.

»Ein knappes Jahr«, lächelte sie. »Ich bin die ältere, aber man kann getrost sagen, dass Lydia in unserer Beziehung die Hosen anhat.« Sie lachte. »Und bald werden alle mit ihr sprechen können, nämlich sobald ihr Bewusstsein deinen Körper erreicht hat. Dann wird keiner mehr sagen können, ich würde mir das einbilden ... Ha! Ein Psychiater hat sogar behauptet, meine Schwester sei tot. Und das Beste: Angeblich hätte ich sie aus Versehen – aus Versehen! – getötet und müsse mir eeendlich die Schuldgefühle von der Seele reden, damit meine schreeeeckliche Traumatisierung sich lösen kann!« Jetzt gackerte sie. »Dem werde ich zeigen, wie tot sie ist.«

»Wie ist sie so? Ich meine Lydia?« Eine Idee nahm Gestalt in Zoes Kopf an.

Natalie legte den Kopf schief und suchte nach Worten. »Sie ist ... knallhart, aber das darf sie, denn sie ist schlau und gewitzt. Sie bekommt alles, was sie will. Da hat sie mir etwas voraus, obwohl *ich* schon unglaublich willensstark bin.« Mit ihrer Hand warf sie ihr Haar auf einer Seite zurück. »Wie dem auch sei«, schloss sie. »Genug der Plaudereien, Süße. Ich werde das Programm jetzt starten lassen und wünsche dir eine gute Reise in die Quarantäne. Danke für deinen hübschen Körper.«

Mit einem letzten, siegessicheren Lächeln ging sie zu der Liege und legte sich hin.

»Nein, warte!«, rief Zoe panisch.

Doch Natalie beachtete sie nicht mehr. Sie bedeutete der Pflegerin, sie in die Röhre zu fahren, und rief Ehemals-Tommy zu, er solle das Programm starten.

»Nein!«, brüllte Zoe wieder und wand sich mit aller Kraft verzweifelt unter ihren Fesseln. »Nicht! Du wirst uns noch töten oder zu Schwerbehinderten machen!«

»Keine Angst, Schätzchen.« Ihr Lächeln wirkte fast liebevoll und Zoe liefen Tränen die Wangen hinab.

Das war es also.

Es war vorbei.

Alles war umsonst gewesen.

Und nicht nur das, es war auch noch ihre alleinige Schuld, dass es so weit gekommen war. Um den seelischen Schmerz abzumildern, krallte sie ihre Fingernägel fest in das Fleisch ihrer

Handfläche. Lieber wollte sie körperlichen Schmerz spüren, als diese unendliche Schuld oder ihr Versagen. Sie schluchzte laut auf und dann spürte sie, wie es losging.

Sie wurde nach hinten gerissen, stürzte und fiel für eine lange Zeit. Daten, Zahlen und Codes rauschten an ihr vorbei, während sie immer weiter rücklings fiel. Dann plötzlich, ganz langsam, stoppte es und sie schwebte eine Weile in der Luft, verharrte im Nichts. Etwas streifte sie sanft und zog sich dann wieder zurück. Natalies Bewusstsein? Lydias Bewusstsein, falls das existierte?

Und dann ging alles rückwärts. Sie wurde in einem rasanten Tempo nach oben katapultiert, während die Zahlen und Codes diesmal nach unten rauschten. Kurze Zeit hatte sie das Gefühl, sie stünde still und nur die Zahlen würden sich bewegen. Doch dann wurde sie mit einem heftigen Ruck nach vorne gerissen.

Kapitel 26

Paul, Diakonie Himmelspforte, 2075

Paul schwankte noch immer leicht, der Schlag hatte wirklich gesessen und die Beule an seinem Kopf pochte heftig. Tristan ging hektisch zur Tür und warf einen Blick in den Flur. »Scheiße«, zischte er. »Grewe ist tatsächlich abgehauen.«

»Lass ihn«, sagte Paul. »Wir brauchen ihn sowieso nicht mehr. Wir müssen uns jetzt beeilen und Zoe helfen!«

Charlie räusperte sich. »Wäre nur blöd, wenn er noch Kopien von dem Programm versteckt hat. Aber wichtiger ist erst mal Zoe, das stimmt. Los!«

Paul konnte nach wie vor verstehen, was Marvin an Charlie gefunden hatte. Wenn es darauf ankam, war sie hoch konzentriert und bereit, zu kämpfen.

Tristan ging voran, Paul folgte und Charlie schloss die Tür hinter ihnen, damit niemand sofort die Wachmänner entdecken und Alarm schlagen konnte.

Die beiden wussten den Weg von Marion. Das hatten sie gesagt, als sie ihm, so gut es in der Eile ging, erzählt hatten, was passiert war. Die Codes waren tatsächlich noch in den Felgen gewesen und Josi hatte sie auf ihre Chips transferiert.

Schnell eilten sie in den Fahrstuhl und fuhren eine weitere Etage hinauf.

Ding.

»Bitte gehen Sie …«

Paul hörte nicht hin, sondern eilte hinter Tristan her, der nach rechts abbog und an einer Tür vor dem Ende des Ganges stehen blieb.

Paul war außer Atem. Vor Anstrengung, vor Anspannung, vor Angst. Hoffentlich kamen sie nicht zu spät. Vorsichtshalber machte er sich auf das Schlimmste gefasst.

Sie tauschten noch einen Blick aus, ehe Tristan nickte und entschlossen seinen Chip an die Tür hielt.

Paul spannte jeden seiner Muskeln an, machte sich bereit, zuzuschlagen, wenn es nötig sein sollte.

Doch es geschah nichts. Nicht einmal ein leises Klicken.

»Warum geht das nicht?«, fragte Tristan.

Charlie hielt ebenfalls ihr Handgelenk an den Scanner, doch es geschah noch immer nichts.

»Scheiße«, fluchte Paul leise. »Was jetzt? Wir müssen Zoe da irgendwie rauskriegen! Oder was … was, wenn sie da gar nicht mehr drin ist?«

Paul hörte ein Geräusch und drehte sich hastig nach links, die anderen taten es ihm gleich.

»Cordula!«, rief Charlie entsetzt hinter ihm.

Cordula torkelte aus dem Fahrstuhl direkt auf sie zu, das Gesicht blutüberströmt.

»Was ist mit dir passiert?«, rief Tristan und eilte auf sie zu. Paul und Charlie blieben stehen.

»Schon okay, schon okay«, winkte sie ab und Tristan stoppte. »Die Codes haben plötzlich nicht mehr richtig funktioniert und das Treppenhaus war abgesperrt. Ich musste andere Maßnahmen ergreifen, um hier hochzukommen. Ich hab mit jemandem gekämpft und am Ende gewonnen, sodass ich seinen Chip nutzen konnte. Nur meine Nase ist ein bisschen lädiert, das geht schon.«

»Wo ist Marion?«, fragte Charlie.

»Sie will diesen Professor Jacobs holen, hat sie gesagt.«

»Dann steckt sie sicher in dem gleichen Dilemma wie wir und kommt gerade nicht hier hoch«, murmelte Tristan. »Unsere Chips funktionieren nämlich auch nicht mehr. Wir kommen nicht rein, um Zoe rauszuholen.« Um das zu bestätigen, hielt Tristan noch einmal seinen Chip vor den Scanner und rüttelte anschließend an der Tür.

»Schht!«, zischte Cordula und wischte sich mit dem Ärmel das Blut unter ihrer Nase weg. Selbst auf ihrer schwarzen Securityuniform sah es aus, als hätte es ein Massaker gegeben.

»Und was machen wir jetzt?« Paul fasste sich an die Schläfen. Es konnte doch nicht sein, dass sie alle gemeinsam vor dem Raum standen, in dem Zoe gerade gelöscht wurde, und nichts tun konnten! Verzweifelt sagte er sich: *Denk nach, Paul, denk nach!*

Und genau in diesem Moment öffnete sich die Tür.

Kapitel 27

Natalie, Diakonie Himmelspforte, 2075

Wow, mit so einer rasanten Fahrt hatte sie nicht gerechnet. Kein Wunder, sie hatte sich ja auch noch nie löschen geschweige denn tauschen lassen.

Natalie riss die Augen auf und wedelte aufgeregt mit der Hand, damit die Pflegerin sie aus der Röhre fahren konnte, die sofort den entsprechenden Befehl auf dem Display eingab. Sie wollte keine Sekunde länger warten! Den Bauchgurt, den Natalie sich umgebunden hatte, damit sie nicht aus Versehen wackelte und womöglich etwas beschädigte, löste sie mit zittrigen Fingern.

Nach Sekunden, die sich für Natalie wie zähe Bonbonmasse in die Länge zogen, war die Liege endlich herausgefahren. So schnell sie konnte, setzte sie sich auf und schwang die Beine herunter. Die Pflegerin bot ihr einen Arm an, doch Natalie wollte diesen heiligen Moment nicht in den Armen eine Pflegerin hängend verbringen. Deshalb zischte sie: »Gehen Sie aus dem Weg« und deutete zu dem anderen Pfleger. Seinen Namen hatte sie bereits vergessen und er war ihr auch völlig egal. Sie lief ein paar wackelige Schritte und stützte sich dann auf Zoes – inzwischen hoffentlich Lydias – Glasröhre ab und betrachtete das zarte Gesicht. Sobald dieser Körper die Augen öffnen würde, würde sie ihrer Schwester das erste Mal seit Langem richtig in die Augen sehen können. Wie genau das alles damals abgelaufen war, wusste sie nicht mehr. Sie war mit ihrer Schwester gemeinsam aufgewachsen – und hatte etwas später, im Teeniealter, begriffen, dass Lydia für die anderen unsichtbar gewesen war. Nicht nur das. Alle anderen bezeichneten Lydia sogar als tot, obwohl sie doch da war. Für Natalie war es der pure Horror gewesen. Aus irgendeinem Grund war Lydias Körper gestorben und Lydia hatte fortan mit in ihrem gelebt. Bis heute fragte sich Natalie, wie dieser Transfer vonstattengegangen war, und war zu keiner guten Erklärung gekommen. Das war auch einer der Gründe gewesen, warum sie sich für das Studium der Neuroinformatik entschieden hatte. Natürlich hatte sie auch mit dem Gedanken gespielt, ob sie tatsächlich verrückt war. Aber das war nicht der Fall, das wusste sie genau. Schließlich hatte sie die Schule abgeschlossen, studiert, leitete inzwischen eine große Firma mit vielen Untergebenen und hatte zusätzlich Zoes Programm mit herausragenden Neuerungen erweitert. Ihr einziges Problem war, dass sie sich andauernd schuldig fühlte, schrecklich schuldig, und sie wusste einfach nicht, wieso.

Vielleicht würde ihre Schuld ja abgegolten sein, sobald Lydia die Augen öffnete. Sie hatte es so lange versprochen, so oft geschworen, dass sie ihr einen eigenen Körper geben würde.

Sie starrte in das Gesicht unter ihr, doch es zeigte keinerlei Regung. Mit heftig klopfendem Herzen überprüfte Natalie die Vitalfunktionen des Körpers und konnte keine Anomalien feststellen. Außerdem zeigten die Hirnströme an, dass dieser Körper längst ein waches Bewusstsein haben müsste.

»Lydia, verdammt!« Natalie schlug mit der flachen Hand bei jedem folgenden Wort so heftig gegen die Röhre, dass es laut rummste. »Mach! Jetzt! Die! Augen! Auf!«

Lydias Lider flatterten und Natalie ließ die Liege herausfahren, nur um verzweifelt Lydias Arme von den Stahlringen zu befreien, die sofort schlaff herunterfielen.

»Bitte!«, schluchze Natalie. »Lass mich nicht allein!« Sie löste auch den Bauchgurt, beugte sich hinunter, schob die Arme unter Lydias Oberkörper und zog sie fest an sich.

»Bitte, bitte, bitte!«

Was war, wenn es nicht geklappt hatte? Lydia hatte sich diesen Körper ausgesucht! Sie würde ihr nie verzeihen, wenn …

Plötzlich spürte Natalie eine Berührung und hielt die Luft an. Eine Hand legte sich auf ihren Rücken. Dann eine zweite. Und endlich wurde ihre Umarmung erwidert.

Natalies Herz schlug so schnell, dass es wehtat. Vorsichtig drückte sie ihre Schwester ein kleines Stück von sich, um ihr in die Augen sehen zu können.

»Natalie?«, fragte diese und lächelte.

»Lydia!« Wieder schlang Natalie die Arme um sie, drückte sie fest an sich und schluchzte laut und heftig. Es hatte geklappt! Lydia hatte endlich einen Körper.

Genau so, wie Natalie es immer versprochen hatte.

Und sie selbst war frei.

»Ich habe Durst«, krächzte Lydia und Natalie erschrak.

»Natürlich! Du bekommst sofort etwas. Bringen Sie meiner Schwester etwas zu trinken!«, befahl Natalie dem Pfleger.

Der parierte sofort, eilte zu dem Wasserspender und brachte ein Glas Wasser zu den Schwestern.

Lydia nahm es an sich und schüttete den Inhalt gierig hinunter.

Noch immer hatte sich Natalies Puls kein bisschen beruhigt und sie konnte einfach nicht mehr warten. Sie fragte: »Wie geht es dir? Wie ist es, jetzt draußen zu sein, im eigenen Körper?«

Lydia hustete heftig und Natalie zuckte zusammen. Sie hasste es, wenn ihre Schwester hustete, es machte ihr Angst. Vorsichtig klopfte sie Lydia auf den Rücken, doch die winkte ab. »Alles in Ordnung«, sagte sie. »Ich habe nur zu hastig getrunken.«

Nachdem Natalies Puls bei dem Husten erneut eine Spitze erreicht hatte, beruhigte er sich nun langsam. Hier war sie, sicher und wohlbehalten, sie verhielt sich ganz normal und … es war einfach unglaublich. »Ich freue mich so sehr, meine Liebe!«, trällerte Natalie und stand wieder von der Liege auf.

Sogleich erntete sie das erste Lächeln ihrer Schwester, das nun auch jeder hätte sehen können, der sich außerhalb Natalies Körper befand. Von nun an würden sie Better Life gemeinsam leiten, immer weiter revolutionieren. Irgendwann würde nicht mehr nur ein Politiker der NWP wie Herr Römer Interesse haben, sondern viele, viele mehr. Und manche Menschen – die, die wichtig waren oder es sich irgendwie verdient hatten – würden ewig leben. Nicht im selben Körper, aber wen kümmerte das?

»Ich freue mich auch«, sagte Lydia lächelnd und beugte sich ein Stück vor, um die Stahlringe an ihren Fußgelenken zu lösen. Sie fügte direkt im Anschluss hinzu: »Womit beginnen wir?«

Es klackerte. Was war das gewesen? Natalie wirbelte herum und starrte zur Tür. »Psst«, machte sie und schlich näher heran, um zu lauschen.

Mit zusammengepressten Lippen drehte sie sich zu Lydia herum. »Ich glaube, ich höre Zoes Freunde. Ich rufe die Security und dann werden wir sehen, was sie dazu sagen, wer nun in Zoes Körper steckt. Was meinst du?« Sie konnte ein Kichern nicht unterdrücken und auch auf das Gesicht ihrer Schwester stahl sich ein Lächeln.

»Das klingt nach einem verdammt guten Plan!«

Lydia schwang sich von der Liege und ging lächelnd auf Natalie zu. »Na, dann los.«

Das war ihre Lydia. Natalie nickte zufrieden und winkte das Pflegepersonal heran. »Ihr geht vor, sobald ich es sage.« Sie beobachtete zufrieden, wie das Pflegepersonal vor dem Ausgang wartete, und hoffte, dass Lydia so zufrieden mit ihr war wie sie selbst. Eilig ging sie einige Schritte und schnappte sich die kleine, zuvor in einem Wandsafe verstaute Waffe. Damit winkend ging sie auf Lydia zu und sagte zwinkernd: »Die habe ich schon vorher hier verwahrt. Für den Fall, dass Zoes Freunde mal wieder ausflippen oder ein paar Aktivisten vorbeischauen. Und nun los, ihr beiden. Aufmachen.«

Kapitel 28

Paul, Diakonie Himmelspforte, 2075

Nicht nur Paul, sondern auch alle anderen starrten auf die sich öffnende Tür. Pflegepersonal trat in den Flur und Cordula sagte hinter Paul: »Tommy!«

Doch Tommy reagierte nur mit einem kurzen Stirnrunzeln. Keiner wusste, was er tun sollte, alle blieben wie angewurzelt stehen.

Und als Paul sah, wer hinter den Angestellten aus der Tür kam, blieb ihm fast das Herz stehen. Zoe! Oder … war sie nicht mehr sie selbst? Waren sie zu spät? War alles vorbei?

»Zoe?«

Die Frau, die einmal Zoe gewesen war, lächelte ihn überheblich an. »Das hättest du wohl gerne, nicht wahr?« Abschätzig musterte sie die Runde. »Du und deine niedlichen Freunde.«

Nein! Ihm wurde übel. Aus dem Augenwinkel sah er, dass es den anderen nicht besser ging. Charlie krallte sich an Tristan fest. Cordula lehnte erschöpft an der Wand und starrte nun mit offenen Augen auf Zoe, die ihre letzte Chance, ihre letzte Hoffnung gewesen war.

Da stand sie und war doch nicht mehr sie selbst. Gab es denn keinen Funken Hoffnung mehr? Paul überlegte angestrengt. Vielleicht war sie irgendwo da drin und es musste ihm nur gelingen, zu ihr durchzudringen?

So muss sich Charlie gefühlt haben, als sie mich gesehen hat, schoss es Paul durch den Kopf.

Eine Reflexion ließ Paul augenblicklich erstarren – Natalie hatte eine Pistole. Sein Herz schlug schneller und seine Hände schwitzten, denn er wusste genau, dass sie nicht zögern würde, die Waffe einzusetzen. »Zoe, ich weiß, dass du da drin bist!«, versuchte Paul es und erntete nur ein hämisches Lachen von Natalie, die sich direkt danach mit einer siegessicheren Handbewegung dem ratlos aussehenden Pflegepersonal widmete. »Ihr könnt gehen, ich brauche euch nicht mehr.«

Sie nickten und liefen dann zögernd an ihrer kleinen Truppe vorbei. Niemand hielt sie auf, wozu auch? Es gab nichts mehr, was sie tun konnten, und die Gelöschten konnten sowieso nichts dafür. Ihre einzige Chance bestand darin, die echte Zoe herauszulocken. Doch selbst wenn ihnen das gelingen würde, war da immer noch die Waffe in Natalies Hand.

Für einen Moment war es, als wäre die Zeit stehengeblieben. Natalie sah zufrieden von Gesicht zu Gesicht und hielt die Waffe auf sie gerichtet, schwenkte sie zwischen ihnen hin und her. Zoe lächelte, als hätte sie nie etwas Schöneres gesehen, als dass ihre Freunde von einer Irren mit einer Waffe bedroht wurden. Charlie krallte sich noch immer ängstlich an Tristan fest, der wiederum ihren Arm an sich drückte. Cordula stand einfach nur mit weit aufgerissenen Augen da, während ihr noch immer etwas Blut aus der Nase tropfte.

Plötzlich hörten sie ein Rumpeln.

Alle, einschließlich der neuen Zoe und Natalie, fuhren herum. Das Geräusch war aus dem Raum gekommen, aus dem Natalie eben erst mit ihrem Gefolge herausspaziert war.

»Was war das?«, fragte Ehemals-Zoe und kniff grimmig die Augen zusammen.

Sichtlich erschrocken schluckte Natalie schwer. »Ich weiß es nicht.« Sie hielt die Hand an den Scanner, doch es tat sich nichts. »Wieso …?« Irritiert probierte sie es erneut, mit demselben Ergebnis.

Paul sah zu Tristan und wusste genau, dass sein Freund dasselbe dachte. Jetzt oder nie.

Doch noch bevor Paul sich auf die abgelenkte Natalie stürzen konnte, öffnete sich schwungvoll die Tür und Natalie und ihre Schwester wichen erschrocken zurück.

Grewe trat in den Flur, ebenfalls eine Waffe in der Hand. Sein Blick wanderte in Sekundenschnelle über alle Anwesenden und verharrte dann starr auf Natalies blassem Gesicht.

»Papa!«, brachte sie erstaunt hervor. »Was tust du hier? Wie … wie bist du …?«

Es klickte, als Grewe die Waffe entsicherte und einen Schritt näher auf Natalie zuging. Mit seinen dunklen Ringen unter den Augen, seiner abgemagerten Figur und seinem blutdurchtränkten Hemd sah er aus wie ein Zombie.

»Du weißt nicht alles, mein Schatz. Als ich dieses Gebäude habe errichten lassen, habe ich auch Fluchtwege eingebaut, für den Fall der Fälle. Und siehe da … nun habe ich einen dieser Wege tatsächlich nutzen müssen. Mal abgesehen von meinen Spezialcodes. Du hast ja vielleicht gemerkt, dass deiner nicht mehr funktioniert?«

Grewe war es also gewesen, der die Codes geändert hatte.

Paul verfolgte atemlos, wie Grewe noch einen Schritt auf seine Tochter zuging, während sie zeitgleich zurückwich.

Flehend sagte sie: »Papa ... nimm die Waffe runter. Ich habe Lydia, wir können dir alles erklären! Siehst du es denn nicht? Ich habe unsere Familie wiederhergestellt! Wir müssen nur die Erinnerung an Mama löschen! Oder vielleicht schaffen wir es mit ein paar Modifizierungen des Programms sogar, die Erinnerungen zu ändern! Dann sind wir wieder eine Familie und wissen nicht einmal, dass Lydia mal anders ausgesehen hat. Stimmt's, Lydia?« Sie sah flehend zu Lydia-Zoe, die ebenfalls zurückgewichen war und ängstlich auf die Waffe schaute.

»Nein!«, sagte Grewe entschieden. Noch immer hielt er die Pistole vor sich, zielte auf Natalies Oberkörper, und sein Gesichtsausdruck wurde wehmütig. »Ich weiß, ich habe dir nicht genug gezeigt, dass ich dich liebe. Das habe ich nie gewollt, mein Schatz. Es tut mir leid. Und deine Mutter hätte nie gewollt, dass das aus uns wird. Dass wir Menschenleben auslöschen, dass wir Gott spielen. Das hier ist das Einzige, was ich noch für uns tun kann ...« Sein Finger krümmte sich um den Abzug.

Natalies Augen weiteten sich und nun hob auch sie ihre Waffe und richtete sie auf ihren Vater. Sie umkreisten sich wie wilde Tiere, hoch konzentriert. Die Luft war zum Zerreißen gespannt.

»Mach es nicht kaputt, Papa«, sagte Natalie verzweifelt, während ihr eine Träne die Wangen hinabrann.

»Ich liebe dich, mein Schatz.«

»Papa! Nein!« Natalie schluchzte auf.

»Es tut mir leid.«

Es knallte ohrenbetäubend laut.

Einmal, als Grewe seiner Tochter in den Oberkörper schoss, die daraufhin mit aufgerissenen Augen an sich herabsah und nach hinten kippte.

Ein zweites Mal, als Grewe die Waffe an seinen Kopf hob und erneut abdrückte.

Blut spritzte und Pauls Ohren dröhnten.

Charlie schrie und Tristan umarmte sie fest. Cordula stolperte erschrocken rückwärts und Paul wurde so kotzübel, als er ein undefinierbares, blutiges Stück Grewe auf seinem Hemd entdeckte, dass er direkt neben sich erbrach.

Als er wieder zu Atem kam, sah er, wie Lydia-Zoe über Natalie hockte, ihre Hand stützend unter deren Kopf hielt und mit der anderen über Natalies Wange streichelte. Vorsichtig ging er einen Schritt näher heran, falls er gezwungen sein würde, Lydia-Zoe festzuhalten. Im Moment sah es aber nicht aus, als ob sie flüchten wollen würde.

»Es ... tut mir leid ... meine liebe Schwester ... aber wenigstens habe ich dich gerettet«, sagte Natalie leise und hustete dabei einen Schwall Blut aus.

»Schhht ... alles wird gut.« Lydia lächelte zuversichtlich. *Ähnlich wie Zoe es getan hätte,* dachte Paul bedauernd.

Lydia sprach weiter beruhigend auf ihre Schwester ein. »Du hast alles richtig gemacht.«

»Ich ... wollte nicht, dass es so ...« Noch mehr Blut lief aus Natalies Mund, ihr Hals und ihre Wangen waren davon bedeckt und im Rhythmus ihres Herzschlages, der immer langsamer zu werden schien, sickerte Blut aus der Wunde an ihrem Oberkörper.

»Es ist alles gut«, sagte Lydia lächelnd. Doch ihre leicht bebende Unterlippe und die Tränen, die in ihren Augenwinkeln glitzerten, straften ihre Aussage Lügen. »Ich liebe dich, ganz genau so, wie du bist. Und ich verzeihe dir.«

Natalie zog eine Grimasse, die vielleicht ein Lächeln darstellen sollte. »Danke«, flüsterte sie.

»Ich verzeihe dir …«, wiederholte Lydia, und nun erlosch das Licht in Natalies Augen. Ihr Blick wurde starr und leer.

Sie war gegangen.

Paul machte sich bereit für das, was jetzt kommen würde. Wenn er Lydia grob packen musste, würde er das tun. Vielleicht gab es ja eine Chance, Zoes wahres Ich irgendwie zurückzuholen.

Lydia drehte sich um, schluchzte und fiel Paul in die Arme. »Paul!«, sagte sie.

Verwirrt drückte er sie an sich.

War sie etwa …?

»Zoe?«, fragte er ungläubig, woraufhin sie sich von ihm löste und sich eine Träne mit ihrem Ärmel abwischte. Sie nickte.

Sie war es wirklich!

»O mein Gott!«, rief Charlie und fiel Zoe als Nächstes in die Arme. Zoe drückte sie ebenfalls, schniefte erneut und sagte: »Du lebst! Gott sei Dank!«

Tristan nickte ihr nur zu und warf dann einen besorgten Blick auf Cordula. Die FreeMinds-Aktivistin war an der Wand herabgesackt und starrte auf die Leichen. Sie sagte kein Wort, doch das musste sie auch nicht.

Paul wandte sich an Zoe. »Du bist es wirklich … Aber warum hast du, als Natalie schon am Boden lag, noch so getan, als wärst du Lydia?«

Sie wandte sich zu ihm, während Charlie zu Tristan ging und sich von ihm tröstend umarmen ließ.

»Vor einiger Zeit war sie noch meine beste Freundin. Ich habe ihre Wunde gesehen und mir war klar, dass sie das hier nicht überleben würde. Und warum auch immer es so war, sie hatte furchtbare Schuldgefühle, die sie sehr krank gemacht haben. Ich wollte, dass sie wenigstens mit dem Gedanken stirbt, dass sie ihre Schwester gerettet hat. Und dass ihre Schwester ihr verziehen hat. Das war … sozusagen mein letzter Freundschaftsdienst für sie, auch wenn sie ihn vielleicht nicht verdient hatte.«

Paul nickte verständnisvoll. »Ich wusste von Anfang an, dass du ein guter Mensch bist.«

Mit einem traurigen Lächeln wandte sie sich ab und ging zurück zu Natalies Leiche. Sie hockte sich hin und zog vorsichtig, als würde sie ihr nicht wehtun wollen, an Natalies Halskette, bis sie den Verschluss zu fassen bekam und das silberne Metall an sich nehmen konnte.

Fragend sahen Charlie, Tristan und Paul zu ihr.

Paul dachte, dass sie vielleicht eine Erinnerung an die Freundin wollte, die Natalie früher gewesen war.

Doch dass es um etwas anderes ging, verstand er, als sie die Kette ein Stück hochhielt und sagte: »Ich glaube, sie hat das Programm hier drin. Wir sollten das überprüfen und hier alles zerstören, was wir zerstören können. Das Gleiche sollten wir im Hauptgebäude von Better Life tun. Und mit dieser letzten Kopie werden wir alle wiederherstellen, die gelöscht worden sind, bevor wir das Programm endgültig zerstören.«

Ihr Blick wanderte zu Cordula. »Wer ist sie? Sie sieht nicht gut aus.«

Cordula reagierte nicht, ihr Blick war beinahe so leer wie Natalies. Nur dass Cordula noch am Leben war.

Tristan zog die schockierte Aktivistin an den Schultern hoch und sie reagierte nur reflexartig, als wäre sie ein Roboter. »Lange

Geschichte«, sagte er. »Sie gehört zu einer Gruppe namens Free-Minds, zu der ich inzwischen ebenfalls gehöre. Wir kämpfen gegen Better Life. Und wie es aussieht, waren wir jetzt erfolgreich. Es wäre allerdings ganz gut, wenn sie zu sich kommen würde. Sie hat gute Kontakte, die uns helfen könnten, hier aufzuräumen. Wenn ihr wisst, was ich meine …«

Zoe schüttelte den Kopf und nickte in Cordulas Richtung. »Erstens: Sieh sie dir mal an. Ich bezweifle, dass sie noch irgendwas tun kann. Und zweitens: Wenn wir wirklich was verändern wollen, sollten wir an die Öffentlichkeit gehen. Wir sollten nicht zulassen, dass verschwiegen wird, was hier geschehen ist.«

Paul nickte wehmütig und fragte sich, was mit ihm selbst geschehen würde. Immerhin war er ein Gelöschter. Er entschied sich, die Frage laut auszusprechen. »Was ist mit den Gelöschten? Und … mit mir?«

Charlies Blick huschte verstohlen zu Paul. Sicher wollte sie wissen, ob Marvin je zurückkommen würde.

Zoe sah ihm in die Augen, lächelte und deutete auf ihre Hosentasche, in der sie die Kette verstaut hatte. »Das entscheiden wir später.«

Epilog

Marvin, Berlin, 2076

Kurz nachdem Natalie und Grewe endlich ausgeschaltet waren, wenn auch auf sehr unschöne Weise, sind Marion und Jacobs am Treppenaufgang erschienen. Dieser kauzige Professor hat sich wie wahnsinnig gefreut, seine Lieblingsstudentin Zoe wiederzusehen. Das hat ihn zum Glück so sehr abgelenkt, dass er die Leichen gar nicht gesehen hat, sondern schnurstracks zu ihr gelaufen ist. Wir sind dann dank Grewes Chip zurück in den Löschraum und haben von dort aus die Polizei angerufen. Nun gut, außer zuzusehen habe ich nicht viel getan, das gebe ich gern zu.

Als die Polizei endlich kam, gab es erst mal ein riesengroßes Chaos. Alle wurden in Gewahrsam genommen, wir auch. Wir schmorten mehrere Tage in Untersuchungshaft, bis die Polizei uns nach dem Auffinden der ganzen Indizien und Beweise endlich geglaubt hat.

Es gab einen riesigen Medienrummel und einen großen Aufschrei im ganzen Land, der bis heute nicht verklungen ist. Noch immer wird diskutiert, inwieweit der Fortschritt in die Menschenrechte eingreifen darf. Zumindest das Better-Life-Programm wurde verboten und der korrupte Politiker Lars Römer von der Neue Welt Partei festgenommen und später auch verurteilt. Der Staat entschuldigte sich in aller Öffentlichkeit für die Vorkommnisse, beteuerte, dass so etwas niemals mehr vorkommen würde und machte ein großes Event daraus, das Programm vor aller Augen zu zerstören. Die beiden Diakonien sollen zukünftig als Mahnmal dienen. Für Betroffene, also für Gelöschte, wurde ein Therapiezentrum eingerichtet. Dort wurden sie alle wiederhergestellt und durften dann entscheiden, ob sie bleiben wollten oder der neuen Persönlichkeit den Vorrang gaben. Es gab erstaunlich viele Leute, die nicht dauerhaft zurückkehren wollten.

Das wurde akzeptiert und genau zu diesen Menschen gehörte auch Paul – mit meinem Einverständnis. Ja, ich weiß. Es wirkt seltsam, dass jemand einfach so seinen Körper hergibt, aber ich habe mich an meine Rolle als stiller Beobachter gewöhnt – mir ist das sogar ganz recht. Denn ich habe gesehen, dass Charlie sich in Tristan verliebt hat und denke, das beruht auf Gegenseitigkeit. Soweit ich es beurteilen kann – denn allzu oft treffen sich die vier nicht – ist Charlie glücklich, und das ist alles, was ich wollte. Außerdem hätte ich sonst Paul das Leben genommen oder ihn zum stillen Beobachter gemacht. Wozu hätte ich das tun sollen, wenn mich doch außer Charlie nie etwas in diesem Leben gehalten hat? Zumal nach und nach deutlich wurde, dass Charlie und Amy mehr oder weniger miteinander verschmolzen sind. Wie genau das passieren konnte, weiß niemand so genau und es wird wohl auch niemand erfahren.

Und ja, genau, in dem Therapiezentrum gibt es noch diese eine Kopie, für diejenigen, die sich noch nicht so schnell entscheiden können. In zwei Jahren soll auch diese vor den Augen der Öffentlichkeit zerstört werden. Ich hoffe, dass das auch passieren wird.

So, wie ich jetzt lebe, habe ich wenigstens die Möglichkeit, zu sehen, wie glücklich inzwischen alle sind und wenn sie es nicht sind, kann ich mich einfach zurückziehen. Bis auf kleinere Alltagswehwehchen sind Zoe und Paul zum Glück wirklich zufrieden miteinander. Mit meiner Meinung stehe ich meistens in der Mitte, wenn sich die beiden doch mal streiten. Einige Marotten von Zoe sind seltsam, aber das nimmt sich mit Pauls Macken nicht viel.

Übrigens: Seit Paul weiß, was die Quietscheenten zu bedeuten hatten, sammelt er sie nicht mehr so zwanghaft. Seine Lieblingsente Beate muss dennoch immer am Wannenrand stehen. Zoe hat zum Glück nichts dagegen.

Professor Jacobs ist in einem Pflegeheim untergebracht, da er leider nicht wiederherstellbar war. Diesmal ist er aber einem richtigen, in dem man sich sehr gut um ihn kümmert. Zoe und Paul gehen ihn ab und zu besuchen und freuen sich dann, auch Marion dort wiederzusehen, die glücklicherweise genau dort einen Job bekommen hat.

Cordula ist weiterhin in der Aktivistenszene, aber kümmert sich nun hauptsächlich um Tierschutz, wohl auch eher in kleinerem Rahmen. Sie hat lange gebraucht, um sich zu erholen, und meinte mal am Telefon zu Zoe, dass ihr Hund Ronja ihr Anker ist, wenn es ihr nicht gut geht.

Von Josi hat leider keiner mehr etwas gehört, aber ich denke, sie wird ihren Weg schon gehen. Cordula erzählte, dass sie verschwunden war, als der Bunker durchsucht wurde. Ich bin mir sicher: So tough wie sie ist, geht es ihr gut. Tommy ist auf jeden Fall wieder ganz der Alte, meinte Cordula.

Tja, und ich? Ich werde jetzt eine Runde schlafen.

Danksagung

Lillith Korn, direkt am Tatort (Schreibtisch), 2016

Zuerst möchte ich mich bei allen Lesern bedanken, die nach dem fiesen Cliffhanger von Band eins so geduldig auf den zweiten Teil gewartet haben. Ich hoffe, ihr seid mit diesem Abschluss zufrieden! Ich würde mich riesig freuen, wenn ihr das Buch auf den gängigen Plattformen bewertet.

Wie ihr vielleicht gemerkt habt, habe ich mir ein winziges Hintertürchen offen gelassen … Ich verspreche nichts, aber vielleicht, ganz vielleicht, wird es irgendwann einen weiteren Roman um das Better-Life-Programm geben. Vielleicht auch nicht – ganz so, wie die Muse es für richtig hält.

Bevor ich mich weiter bedanke, muss ich mich erst einmal entschuldigen – nämlich bei der AWO, für die meine Mutter arbeitet. Sie fand »Better Life – Zerstört« so spannend, dass sie bis in die Nacht hinein gelesen hat und deshalb völlig übermüdet auf der Arbeit erschienen ist. Ich gelobe hiermit feierlich, ihr meine zukünftigen Bücher zum Testlesen nur noch an Freitagen oder vor Feiertagen zu senden.

Danke, Billie, für das Testlesen, die Verbesserungsvorschläge und den von dir in Kauf genommenen müden Arbeitstag!

Danke, Alex, dass du mit mir gegrübelt, für mich testgelesen und erneut das wochenlange, nein, monatelange Gehämmere auf der Tastatur ertragen hast. Wenn das ein Bestseller wird, kaufe ich mir eine neue, ja? Okay, du hast gewonnen. Ich spare auch ohne Bestseller auf eine neue. Als Entschädigung spendiere ich dir eine Hunderunde. Tut mir leid, ein Cronut geht diesmal nicht, ich habe zugenommen. Und jetzt schreib, ich will dein Buch auch testlesen!

Jetzt Vorhang auf für die Julias:

Danke, Julia, (»Feenmutti«) dass du so fleißig mit mir geplottet hast, als ich zwischendurch verzweifelt war. Mit deiner Hilfe bin ich plötzlich unglaublich schnell vorangekommen! Ich freue mich darauf, weiterhin gegenseitig Textschnipsel zu tauschen und gemeinsam über unseren Projekten zu brüten.

Danke, Julia D., für die medizinischen Tipps – und nicht zuletzt für deinen Humor. Ich muss immer lachen, wenn ich Kommentare von dir lese und das meine ich als Kompliment!

Danke, Julia R., du warst meine allererste Testleserin! Ich war mal wieder sehr gespannt auf dein Feedback. Und auch bei Band 2 warst du wieder so schnell und dazu noch gut. Wie machst du das nur?

Danke, Vero, du Fleißige! Mit dir hat der Fehlerteufel kaum noch eine Chance. Außerdem hast du ein paar Stellen entdeckt, die der Bearbeitung bedurften und hast somit Better Life um ein ganzes Stück verbessert.

Danke, Laura, für deine Begeisterung und dein Feedback! Was soll ich sagen? Auch du hast mich ein ganzes Stück vorangebracht und einen Teil dazu beigetragen, dieses Buch besser werden zu lassen.

Danke, Tally, dass du wieder so fleißig gelesen und kommentiert hast. Ich freue mich immer sehr über deine konstruktive Kritik.

Danke, Michel von Readmorebooks, auch du warst wieder als Testleser dabei. Und ich habe mich riesig gefreut, dass dir der zweite Band gefallen hat.

Danke, Nadine von Selection Books, dank deiner Hinweise gab es noch einige kleine Änderungen. Sehen wir uns auf einer der nächsten Buchmessen? Dann können wir wieder eine Runde »spazieren gehen« ;)

Danke, Lisa, dass du immer Zeit für mich hast, wenn ich Fragen habe. Ich freue mich schon auf unser baldiges Projekt!

Danke, Marion G., du hattest eine Nebenrolle in Band 2 gewonnen, die ich … nun … ein klein wenig mehr ausgedehnt habe, als ich es wollte. Du wolltest Zoe und Marvin/Paul helfen – das hast du getan. Ich hoffe, es gefällt dir!

Danke an alle Blogger, die sich die Zeit genommen haben, mein Buch zu lesen und ehrlich zu rezensieren!

Danke, Astrid vom Drachenmond Verlag, dass du Better Life ein Zuhause gegeben hast, obwohl Dystopien gar nicht mehr so »in« sind. Und dafür, dass du die beste Verlegerin bist, die man sich nur wünschen kann. Mach weiter so!

Danke, Michaela für das fleißige Korrigieren.

Danke, Hunde, ihr habt mich auch diesmal wieder gezwungen, regelmäßig frische Luft zu schnappen und das Hirn durchzupusten. Wäre nur nett, wenn ihr nicht so viel bellt, während ich schreibe. ;)

Ich könnte wahrlich ein ganzes Danksagungsbuch schreiben! Aber man soll ja aufhören, wenn es am schönsten ist.